Von Ameisenhügeltigern und Elefantenspitzmäusen

Unterwegs im Kgalagadi Transfrontier Nationalark (KTP)

Peter Heinz

Ein Reisetagebuch

Bibliografische Information der Deutschen Nationalbibliothek: Die Deutsche Natio-nalbibliothek verzeichnet diese Publikation in der Deutschen Nationalbibliografie; detaillierte bibliografische Daten sind im Internet über dnb.dnb.de abrufbar.

Herstellung und Verlag: BoD – Books on Demand, Norderstedt
ISBN: 9783752659283

Vorwort

Ich hatte schon seit Jahren vorgehabt, ein Tagebuch mit einem genauen Ablauf eines unserer Aufenthalte im KTP zu schreiben.

Dies ist mir nach unserer Reise im Januar/Februar 2019 endlich einmal gelungen.

Beim Schreiben habe ich mich dann allerdings immer wieder an fast Vergessenes aus früheren Aufenthalten im Park erinnert, was ich teilweise mit einfließen ließ. Ebenso habe ich intensiv nach, den Park betreffende Themen gesucht. Auch diese Recherchen habe ich integriert, sodass es nicht wirklich ein reines Tagebuch wurde.

Für mich war dieses Buch die Möglichkeit, mich noch einmal intensiv mit dem Park auseinanderzusetzen und in Gedanken zurückzureisen in all die Tage im KTP, die viel zu schnell Vergangenheit wurden.

Sollte der ein- oder andere Gefallen am Buch finden oder sogar etwas Nutzen daraus ziehen können, würde mich das sehr freuen.

Bei all denen, die das Lesen meines Buches rückblickend als vertane Zeit sehen, möchte ich mich dafür entschuldigen, dass ich ihre Erwartungen nicht erfüllt habe.

Einige der vielleicht nicht so geläufigen Begriffe, die im Buch vorkommen, möchte ich voranstellen:

Braaien = Grillen, BBQ
Brownie = Braune Hyäne, Strandwolf
Depature Form = Formular das bei der Ausreise eines Landes ausgefüllt werden muss.
Frezzer = Gefrierschrank
Fridge = Kühlschrank
Game Drive = Ausfahrt zum Beobachten von Tieren
Grader = Eine Baumaschine zum Herstellen von ebenen Flächen. Wird auch Erdhobel, Straßenhobel oder Planierer genannt
Hide = Versteck zur Tierbeobachtung
KK = Kilie Krankie
Laufzettel = Formular, das während der Zeit im Park mitgeführt werden muss und vom jeweiligen Camp Assistent abgezeichnet und über Nacht verwahrt werden muss
Loop = Ein Weg, der den Hauptweg in einer Schleife umfahren lässt
Morning Drive = Fahrt, um Tiere am Morgen zu beobachten
Pad = die Straße, der Weg
Savanna Dry = Alkoholisches Getränk im südlichen Afrika, ähnlich Cidre
Starter = Hilfsmittel, um das Feuer beim Braaien zu entfachen
Sundowner = Getränk zum Sonnenuntergang, traditionell ein GinTonic, aber auch jedes andere kalte Getränk ist geeignet.
Rivier = Trockenfluss im südlichen Afrika
Veld = Busch, Wildnis
Vlei = offene, meist ausgetrocknete Pfanne oder See, Endpfanne eines Flusses wie z.B. das Sossusvlei die Endpfanne des Tsauchab ist.
Windmill = typische metallene Windmühle der Kalahari

Unterwegs im Kgalagadi Transfrontier Nationalpark

Tag 1 im Park
Übernachtung Kiliekrankie – 31.1.2019

Mir erscheint es als wären wir noch nie so schnell und unkompliziert über die Grenze gekommen wie heute.

Der Beamte im kleinen, namibischen Zollgebäude nimmt die gestern in Gochas ausgefüllten „Depature Forms" zur Kenntnis, schaut kurz in den Pass, stempelt und schon sind wir draußen.

Am Auto notiert der Zollbeamte unter sengender Sonne die Auto - und meine Passnummer.

Kein Blick ins Auto, keine Fragen, einfach nichts als lächelnd „Gute Reise" gewünscht und schon ist er wieder unter dem schattenspendenden Dach verschwunden.

Es ist einfach zu heiß.

Nach der kurzen Fahrt durch das Niemandsland zwischen den beiden Ländern füllen wir in Mata Mata, im Office des Nationalparks, die Einreisepapiere für den KTP aus, halten ein kurzes Schwätzchen und werden lachend mit den besten Wünschen in den Park verabschiedet.

Wie sein Kollege in Namibia notiert der südafrikanische Zollbeamter ebenfalls Pass und Autonummer und schon stehen wir wieder draußen an der Schranke, vor der noch unser Auto parkt. Anstatt nun das Auto nach Holz, Waffen, Fleisch oder Alkohol (was wir alles schon erlebt haben) kontrolliert zu bekommen, thematisieren wir in einem kurzen Gespräch den ausbleibenden Regen und dann hebt sich auch schon die Schranke, jedoch nicht ohne mit freundlichem Lächeln „Viel Spaß im Park" zu wünschen. Danach enteilt der Beamte zügig zurück in sein klimatisiertes „Office".

An der Tankstelle, 200 Meter weiter, hilft der zügig herbeieilende Tankwart dabei, die Luft aus den Reifen auf 1.6 bar zu reduzieren.

Eigentlich macht er es sogar komplett selbst.

Und bekommen natürlich nach dem Bezahlen der Tankrechnung mit der Kreditkarte im Hinterzimmer des Besucherzentrums viel Spaß im Park gewünscht.

Im Shop kaufen wir Feuerholz und Eis für die Getränke, halten wieder ein kleines Schwätzchen mit der Kassiererin und werden „bis demnächst" lächelnd verabschiedet.

Welch ein Feuerwerk der Freundlich- und Fröhlichkeit bei unserem Empfang im Park. Es ist einfach schön wieder nach Hause zu kommen und sich wieder wohl zu fühlen

Anders kann ich das Gefühl nicht beschreiben, das mich seit dem ersten Mal als ich diesen Park betrat immer wieder überfällt.

Und je mehr ich etwas mag, desto mehr möchte ich darüber wissen.

Die Geschichte des Parks ist unauflösbar verknüpft mit der Familie Le Riche, obwohl kein Le Riche Familienmitglied an der Gründung direkt beteiligt war.

So ist es auch nicht verwunderlich, dass ich bei meiner Recherche zur Geschichte des Parks ein von E.A.N. Le Riche verfasstes, und von P. van Wyk ins englische übersetztes, Schriftstück fand (P. van Wyk, E.A.N. Le Riche The Kalahari Gemsbok Nationalpark 1931 – 1981), das ich hier stark zusammengefasst wiedergebe:

„Um 1880 herum zog Christoffel Le Riche mit drei Transportwagen, Frau und drei Kindern aus dem Süden des Landes nach Nordwesten, wo sie schließlich nach vielen Schwierigkeiten, die eine Reise durch das „Durstland der Kalahari" mit sich bringt, in Rietfontain, im Süden des heutigen Parks auf Deutsch Südwestafrikanischer Seite ankamen.

Dort befand sich eine Station der Rheinischen Mission unter Leitung von Pater Probst wo Christoffel sogleich auch einen Handelsplatz errichtete.

Sein Sohn Josef „Joep", der später eine wichtige Rolle im Nationalpark spielen würde, wurde dort 1903 geboren.

Nach dem ersten Weltkrieg wurde die Gegend zwischen Auob und Nossob als Gebiet für die schwarze Bevölkerung reserviert.

In diesem Gebiet lebten nur wenige Menschen, zum Teil auf wenigen privaten Farmen wie Kij Kij, Kamelsleep und Twee Rivieren oder als „Bohrloch Hüter" entlang des Auob Riviers.

Letztere waren deshalb präsent, da die südafrikanische Regierung angeblich aus Furcht vor einer deutschen Invasion beim Ausbruch des ersten Weltkrieges Bohrlöcher mit Windmühlen errichten ließ und Wächter diese schützen sollten.

Dieser Grund soll, laut anderer Quellen, wiederum nicht sehr wahrscheinlich sein, obwohl die Löcher kurz vor Ausbruch des Krieges 1913/14 gebohrt wurden

Die Wächter lebten dort teilweise in Zelten oder in besseren festen Unterkünften, deren Ruinen noch heute im Auob Tal auf der Fahrt nach Süden zu sehen sind.

Auf der botswanischen Seite des Nossob befanden sich zwischen dem Zusammenfluss der beiden Riviere und Rooiputs einige Unterkünfte der schwarzen Bevölkerung auf dem heutigen Gebiet des Parks. Auch etliche „Biltong Jäger" streiften durch die Gegend und dezimierten das Wild stetig, was auch einigen Bewohnern der Gegend auffiel.

Zu den treibenden Kräften, die zur Errichtung des Parks führten, wurden Piet (Mof) de Villiers, Landaufseher in Upington, auch als „König der Kalahari" bekannt, und Willi Rossouw, ein örtlicher Farmer, Gemeindeleiter und Christoffel le Riches Schwiegersohn. Beide waren gut mit Minister Piet Grobler bekannt. So kam es dann auch dazu, während eines gemeinsamen Jagdausflugs entlang des Nossobs, bei dem sich der Minister von der Tierwelt und Schönheit der Landschaft begeistert zeigte, dass der Minister nach einer Nacht am Lagerfeuer ankündigte das Gebiet zum Nationalpark erklären zu lassen.

Das Problem mit der Reservierung des Gebiets für die schwarze Bevölkerung wurde gelöst, indem man eine Versammlung zusammen mit den farbigen Führern abhielt und einen einstimmigen und zu aller Zufriedenheit verlaufenden Tausch des Landes vereinbarte, besonders als auch das Kuruman Nature Reserve zur Besiedlung freigegeben wurde, das auch den bisherigen Bohrlochwächtern Zuflucht bot.

Mit wenigen Ausnahmen (die erst 1935 dazu kamen) konnten dann auch die meisten privaten Farmen gekauft und der Nationalpark am 3.Juli 1931 ausgerufen werden.

Bald nach der Eröffnung des Nationalparks wurde Johannes le Riche, ein Sohn Christoffels der erste Ranger des Parks mit einem monatlichen Gehalt von 15 Rand.

Ihm zur Seite stellte man einen farbigen Polizisten mit dem Namen Gert Januarie.

Ein paar Pferde und ein Wagen waren alles was diese beiden Männer hatten um im 13000 Quadratkilometer großen Nationalpark mit seinen 650 km langen eingezäunten Grenzen nach dem Rechten zu sehen.

Ein Unterfangen, das fast unmöglich schien, da die Wilderei in den ersten Jahren ein großes Problem darstellte.

Die Wächter hatten bei ihrem Umzug nach Kuman auch fast alle Windräder mitgenommen und somit die meisten Bohrlöcher zur Wassergewinnung unbrauchbar gemacht.

Nur in Monro und Gemsbokplain standen dem Park noch zwei Windmühlen zur Verfügung.

Johannes le Riche und seine neunköpfige Familie errichteten ihr Hauptquartier

bei Gemsbokplain, ungefähr 30 Kilometer nördlich des Zusammenflusses im Auob Tal in einer ehemaligen Unterkunft eines Bohrloch Wächters.

1934 regnete es so stark das beide Flüsse zum ersten Mal in diesem Jahrhundert zu laufen begannen.

Der Regen war so stark, dass die Flüsse über lange Zeit Wasser führten, was zum Erblühen der Landschaft, aber auch zum Ausbruch von Malaria führte. Kurz darauf starben Johannes de Riche und Gert Januarie, die beiden ersten Hüter des Parks, an den Folgen der Malaria.

Ein paar Tage nach dem Tod seines Bruders wurde Josef (Joep) le Riche gefragt, ob er die Leitung des Parks übernehmen würde.

Er bejahrte, bestand aber darauf das es nur vorübergehend sein sollte.

Diese „vorübergehende" Lösung hielt dann 36 Jahre, bis Joep am 31.Juli 1970 in den Ruhestand ging, an.

Nach seiner Ernennung berief er sofort einen farbigen Polizisten, Gert Mounton, zu seiner Assistenz und beide Junggesellen zogen im Hauptquartier in Gemsbokplain ein.

Einen weiteren großen Meilenstein in der Geschichte des Parks wurde 1938 gesetzt, als die botswanische Seite des Nossobs zum Naturreservat ausgerufen wurde.

Zehn Jahre später wurde ein zweiter Ranger, zunächst ein Herr du Toit (der nicht lange blieb) und dann Piet Möller, ernannt und in Mata Mata stationiert.

Piet Möller beendete seine Tätigkeit 1957/58 und wurde durch seinen Nachfolger Stoffel le Riche, einem Sohn Joeps ersetzt.

Auch in Unions End wurde ein Posten mit dem Polizisten Jan Jannewarie besetzt.

Das größte Problem im Park blieb jedoch weiterhin die Wilderei, der die wenigen Angestellten kaum Herr werden konnten.

Seit Erhebung der Zahlen 1954 registrierte man im Park 515 Touristen, die über 4853 im Jahr 1960/61 bis auf die Rekordzahl von 14794 im Jahre 1974/75 anwuchs. Aufgrund der Ölkrise sank die Besucherzahl danach jedoch wieder für mehrere Jahre.

Bereits 1959 wurde der, bis heute bestehende, Shop in Twee Rivieren eröffnet und 1966 offiziell das Nossob Camp eingeweiht, das jedoch schon vorher existierte.

Ranger im Nossob Camp wurde, wen wundert`s, Elias le Riche, ein weiterer Sohn Joeps. Somit lag der Park von 1963 bis zum Ausscheiden von Joep le Riche 1970 ganz in der Hand der Familie le Riche.

Nachdem Joep pensioniert war, folgte Stoffel als Park Chef, woraufhin nach dessen frühen Tod 1980, Elias dieses Amt übernahm, das er bis zu seiner Pensionierung 1995 innehatte."

Mit Elias endete dann aber die gemeinsame Geschichte des Parks und der Familie Le Riche, deren Wirken den Park bis in die heutige Zeit geprägt hat.

Die jetzige Größe des Parks entstand dann aus der Zusammenlegung des botswanischen Gemsbok Nationalparks und des südafrikanischen Kalahari Gemsbok Nationalparks im Mai 2000.

Ab dieser Zeit wird der nun grenzüberschreitende Park Kgalagadi Transfrontier Nationalpark (KTP) genannt.

Ich bin jetzt müde und schwitze. Die Fahrt nach Süden zu unserem ersten Camp zieht sich sehr.

So gerne wir im Park sind bin ich doch durch die ungewohnte Hitze seit unserer Ankunft in Windhoek und der Fahrt von Gochas bis hierher etwas erschöpft.

Je älter ich werde desto länger brauche ich anscheinend, um mich direkt nach der Ankunft aus dem winterlichen Deutschland an die Bedingungen in der Kalahari zu adaptieren.

In den brütend heißen Sommermonaten sind die ersten zwei bis drei Tage mit steigendem Alter immer mehr belastend, da wir hier Temperaturen weit jenseits der 40 Grad Marke im Schatten erreichen.

Natürlich könnten wir auch die Klimaanlage im Auto anschalten, die Fenster geschlossen halten und schön abgeschottet von den Realitäten außerhalb des Fahrzeugs unsere Strecke hinter uns bringen.

Wir fahren aber in die Kalahari, um sie mit allen Sinnen zu erleben. Beim Rauschen der Klimaanlage mit tieferen Temperaturen fühlen wir uns aber von unserer Umgebung getrennt und im Auto isoliert.

Für mich ist es dann, als würde ich einen Film ansehen, der um mich herum abläuft, mit dem ich aber nichts zu tun habe.

Nach den zwei bis drei Tagen haben wir uns aber bisher immer adaptiert und mit der Hitze auch ohne Klimaanlage keine Probleme mehr, während wir mit Klimaanlage immer Probleme hätten sobald wir ausstiegen.

Die Landschaft ist so wüstenartig wie noch niemals zuvor in all den Jahren, seit denen wir das Auob Tal schon kennen.

Vor zwei Monaten, im November, hatten wir mit dieser Trockenheit gerechnet, aber inzwischen hätte es längst viel und stark regnen müssen.

Stattdessen ziehen Sandhosen durch das ausgetrocknete Tal und nahezu jegliches Grün ist verschwunden.

Ich frage mich, was die Tiere jetzt noch fressen sollen?

Wir entdecken eine Straußenfamilie mit einigen Küken und ein Trupp Giraffen zieht von Baum zu Baum uns entgegen.

Am Vertiende Bohrgat liegen 3 Geparde unter einem Schattenbaum.

Hier findet man auch eine Tafel zum Gedenken an Karel Kleinman, besser bekannt als „Vet Piet", einer Legende der Kalahari und im Laufe der Zeit als einer der beste Spurensucher bekannt geworden, den das südlichen Afrika jemals gesehen hat.

Innerlich verbeuge ich mich immer wieder vor diesem Genie der Kalahari, wenn wir an seiner Gedenktafel vorbeifahren.

Ohm Vet Piet (seinen Spitznamen bekam er, weil er in jungen Jahren gerne fettes Fleisch gegessen hat) war ein Nachfahre der Khomani San, die im Gebiet des   heutigen Kgalagadi Nationalparks lebten, und in dem er geboren wurde.

Von 1984 bis zu seiner Rente 2000 war er als Ranger für den Park tätig.

Er hatte die erstaunliche Fähigkeit, Tierspuren, Vegetation und andere Umweltfaktoren zu lesen, die sich aus seiner außergewöhnlichen Kenntnis des Landes ergaben. Die Windrichtung aus der ein Tier kam sowie den Zustand des Tieres konnte er „sehen", in dem Moment als es die Spur machte. Er erkannte ob es ein männliches oder weibliches Tier war, ob es müde oder verletzt war. Gab es einen „Kill" konnte er sogar mithilfe seines Körpers demonstrieren, wie das Tier getötet worden war und sich dabei so

stark mit dem Tier Identifizieren, dass es schon unheimlich war. Dabei war es egal ob es ein Tausendfüßler oder das größte Säugetier im Park war. Nach seiner Pensionierung unterrichtete er weiterhin junge Leute im Spurenlesen. Wer mehr von diesem Mann und dem Erlernen des Spurensuchens lesen möchte, dem empfehle ich das Buch von Louis Liebenberg, mit dem er oft zusammen im „Veld" unterwegs war: „Practical tracking: A Guide to Following Footprints and Finding Animals".
Leider verstarb Vet Piet 2004 bei einem Autounfall.

Weitere 3 Geparde entdecken wir in der Nähe des Wassers bei Montrose (zwei Wasserlöcher südlich von Urikaruus), natürlich ebenfalls unter einem Baum im Schatten liegend.

Alle zu weit entfernt für gute Fotos, ist meine Ausrede für längeres Verweilen. Das konturlose Licht zur Mittagszeit unterstützt diese Aussage und sowohl aggressiven Fliegen als auch die Hitze bekräftigen mich weiterzufahren.

Ich will nur noch ankommen. Der Rest der Fahrt ist Strapaze.

Endlich erreichen wir Kielie Krankie (KK) und Wilhelm, der zuständige „Camp Assistent", teilt uns Chalet 1 zu.

Fleisch und Eis müssen schnellstens in das Gefrierfach, diverse Getränke und Nahrungsmittel in den Kühlschrank und auch unsere Reisetaschen wollen den Weg vom Auto hinauf zum Chalet getragen werden.

Das alles nervt jetzt etwas bei mehr als 45 Grad im Schatten.

Die Hitze geht mir heute wirklich an die Substanz, auch nach dem Duschen und trotz mehr als zweieinhalb Liter Flüssigkeit, die jeder von uns seit unserer Ankunft im Camp zu uns genommen hat.

Vor uns erstrecken sich nun die scheinbar endlosen Weite der roten Dünen und lassen mich endlich etwas herunterkommen.

Die Landschaft würde auch ohne meine Erschöpfung extrem beruhigend wirken. Ich kann nicht genug davon bekommen, hier auf der Terrasse zu sitzen und in das scheinbar auf mich zurollende „Dünen Meer" zu schauen.

Ich weiß, bald werden auch Geist und Seele hier ankommen. Spätestens sobald sich der Körper an die äußeren Umstände, sprich die Hitze, gewöhnt hat.

Während ich hier mit einem Cola draußen sitze, ziehen plötzlich und unerwartet dunkle Wolkenberge heran.

In wenigen Minuten sind der blaue Himmel und die Sonne verschwunden.

Schon zucken die ersten Blitze durch die Wolken und es donnert.

Und dann treffen mich sogar einige Regentropfen.

Es ist fast unglaublich. Es regnet für ein paar Minuten.

Traumhaft!

Nach dem kurzen erfrischenden Regen kann ich Singhabichte bei der erfolgreichen Jagd auf eine Taube für den dazu kommenden Jungvogel im schlichten braunem Federkleid beobachten.

Ein Schakal schlendert gemächlich heran und weiße Wolken ziehen am wieder erblauten Himmel dahin.

Das Licht wird intensiver und eindrücklicher.

19:30 Uhr: Wilhelm kommt vorbei und freut sich über den gereichten Sundowner.

Obwohl wir schon drei Jahre nicht mehr in KK waren, kennt er uns noch.

In zwei Tagen hat Wilhelm elfjähriges Jubiläum und gehört somit zu den „Urgesteinen" der Wildernes Camps.

Richtung Unions End und in Nossob soll es mehr geregnet haben hat er von Franco per Funk erfahren.

Eine gute Nachricht. Jede Regenmeldung in dieser heißen Trockenheit verspricht Hoffnung auf aufsprießendes Gras für die Pflanzenfresser.

Die bellenden Geckos (Barking Geckos) haben ihr abendliches Konzert begonnen und präsentieren als „special Guests" einige Schakale, die wie keine andere Tierart den „Cry of the Kalahari" intonieren können, während die himmlische Lightshow in einem roten Wolkenhimmel die Sonne untergehen lässt.

Das sogenannte „Kalahari TV" zeigt ein begeisterndes Programm bisher.

Das Konzert der Barking Geckos kann man nicht überall im Park hören. Die Tiere benötigen für den Bau ihrer Höhlen eine bestimmte Art von Sand, der fein, aber auch fest genug sein muss, um ihre Höhlen zu graben. Am Eingang der Höhlen, die sie tagsüber verschließen, lassen die Männchen vom Untergang der Sonne an ihre Rufe hören, die der Verteidigung ihres Territoriums dienen und auch Weibchen anlocken sollen.

Die schönste Zeit des Tages in der Kalahari ist angebrochen.

Die Hitze des Tages wird zur Erinnerung und mit zunehmender Dunkelheit steigt die Spannung.

Das Licht am Wasserloch erhellt den Platz um das lebensnotwendige Wasser herum, während die Umgebung in der Dunkelheit versinkt.

Wen oder was wird uns das Fernseh-Programm der Kalahari präsentieren? Eine Programmvorschau gibt es nicht und fernsehen kann man jetzt absolut wörtlich nehmen, befindet sich doch das Wasserloch etwas fern unserer Terrasse, aber wunderschön in einem Tal in den roten Dünen gelegen.

Visuelle Highlights bietet es uns an diesem Abend nicht, was bei mir aber nicht als negatives Nichtevent gewertet wird. Es bleiben die Filme, die im Kopf ablaufen, die Erwartungen und Vorstellungen, Rufe vorbeifliegender Eulen und die Ahnung was da draußen mit absoluter Sicherheit, in der alles verdeckenden Dunkelheit unterwegs ist.

Als ich so in die Nacht hinaus lausche werde ich auf ein winziges Geräusch, oder war es nur eine erahnte Bewegung, links neben unserer Terrasse aufmerksam.

Im Strahl der Taschenlampe blickt mir eine junge südafrikanische Wildkatze (Felis lybica cafra) aus nicht einmal zwei Meter Entfernung entgegen, die gemütlich durch das Gras stromert.

Typisch für diese Tiere sind ihre proportional längeren Beine an denen man sie auch gut des Nachts am Wasserloch erkennen kann.

Eine wirkliche „Southern African Wildcat"! Bisher hatte ich sie erst zweimal gesehen, wenige entfernte Sichtungen in der Nacht am Wasserloch nicht mitgezählt. Das erste Mal vor vielen Jahren als wir bei einer Löwen-sichtung in der Nähe des Veertiende Boorgat standen. Das einzig andere Auto verdeckte, uns die Sicht auf die Pad, über die zwei Wildkatzen in wilder Flucht rannten um sofort wieder unserer Blicke zu entschwinden. Das zweite Mal dann vor drei Jahren zur Mittagszeit ein paar Kilometer südlich von Mata Mata, als ein Kater aus einem Totholz Gebüsch schlenderte, sich kurz umsah und wieder verschwand.

Um so mehr genieße ich nun die Anwesenheit der jungen Katze, die sogar kurz davor war, unsere Terrasse zu „entern", bevor sie sich doch vor der eigenen Courage ins Bockshorn jagen ließ.

So schön diese Begegnung auch ist:

Man merkt natürlich das dieses Tier Menschen gewohnt ist. Leider werden immer öfters Tiere besonders in den Wildernes Camps angefüttert und somit gezähmt, was zu großen Problemen für diese Tiere führen kann. Ich denke zwar, dass die meisten fütternden Besucher sich der Tragweite ihres Verhaltens für diese Tiere nicht bewusst sind, trotzdem aber ist es ein immer größer werdendes Ärgernis in allen Nationalparks.

Die südafrikanische Wildkatze sieht einer Hauskatze sehr ähnlich, ist aber ein scheues und wildes Tier - und sollte es in der Kalahari auch bleiben wie ich finde.

Sinnvoller war dagegen das Annähern der Afrikanische Wildkatze vor mehr als 4000 Jahren (die südafrikanische Wildkatze ist eine Unterart davon) an den Menschen in Ägyptern aus der sich unsere heutige Hauskatze entwickelt hat.

Vermutlich vollzog sich dieser Schritt fließend und war von beider Vorteil.

Die Katzen boten einen wirksamen Schutz der kostbaren Getreidevorräte vor den zahlreichen Ratten und Mäusen und waren dadurch gern gesehene Gäste im menschlichen Haushalt, indem immer wieder kleine Leckerbissen abfallen konnten und der auch den Katzen Schutz und Unterkunft stellte.

Der Schritt hin zum heiligen Tier war dadurch nicht mehr sehr groß, da auch Tempel nicht vor Mäusen sicher waren.

Wie hoch die Stellung der Katze bei den Menschen war beschreibt Herodot in seinen Historien:

„Wenn in einem Hause eine Katze stirbt, scheren sich alle Hausbewohner die Augenbrauen ab (…). Die toten Katzen werden nach der Stadt Bubastis gebracht, einbalsamiert und in heiligen Grabkammern beigesetzt."

Das Töten einer Katze war damals ein Kapitalverbrechen, das mit dem Tode bestraft werden konnte.

Tag 2 im Park
Übernachtung Grootkolk – 1.02.2019

Da wir es gerade jetzt am Anfang unseres Aufenthalts langsam angehen lassen,
sind wir nicht die ersten die KK heute verlassen.
Ein längeres Verweilen im Camp muss zudem auch nicht zwingend die schlechteste Idee sein.
Es gibt zwei Verhaltensweisen, die beim Aufspüren von Tieren am Morgen zum Erfolg führen können.
Man fährt möglichst früh los, um die Jäger der Nacht auf ihrem Heimweg zu entdecken, da die meisten Raubtiere gerne die Wege im Park nutzen und dabei frische Spuren hinterlassen, denen man leicht folgen kann.
Die andere Option wäre länger im Camp zu bleiben, um auf einen Besuch der Jäger am Wasserloch auf ihrem Weg nach Hause bzw. zum Ruheplatz zu hoffen.
Beide Methoden machen Sinn und können zum Erfolg führen.
Ich erinnere mich an einen Januartag in Grootkolk, an dem wir frühestmöglich das Camp verlassen hatten und bei der Rückkehr erfahren mussten, dass keine zwanzig Minuten nach unserer Abfahrt der Leopard zum Wasserloch kam. Nach dem Stillen seines Durstes war er dann gemütlich zwischen den Chalets hindurch geschlendert.
Geschichten dieser Art aufgrund persönlicher Fehlentscheidungen könnte ich viele zum Besten geben.
Dadurch habe ich aber gelernt, dass es eben nicht nur durch zügiges Herumfahren zu außergewöhnlichen Sichtungen kommen kann. Ich bin deshalb in letzter Zeit einem gemütlichen Frühstück auf der Terrasse nicht mehr so abgeneigt als noch in den ersten Jahren in der Kalahari. Anfangs meinte ich wie viele andere Neulinge auch, dass man nur durch vieles Fahren auch viel sieht. Alles in allem kommt es aber auch immer auf die Situation an, zum Beispiel welche Sichtungen es wo und wann tags zuvor gegeben hat.

Nachdem wir uns von Wilhelm, den wir zwei Wochen später hier wieder-treffen werden, verabschiedet haben, rollen wir gemütlich durch die Dünen hinunter zur Pad zwischen Auob und Nossob Tal und folgen dieser Querverbindung nach Osten, Richtung Nossob.

Wie erwartet, entdecken wir fast keine Tiere auf der Fahrt zwischen den Tälern, sieht man von den, diesmal sehr schweigsamen, Gaggeltrappen einmal ab.

Die Rufe der Gaggeltrappen sind normalerweise sehr einprägsam und laut. Sie hören sich wie ein schnell gesprochenes „geh weg, geh weg" an, dass immer leiser wird, wenn sie davonfliegen und von dem ich nie genug bekommen kann.

Ich mag diese Fahrten entlang der Querverbindungen zwischen den Tälern aufgrund ihrer landschaftlichen Schönheit und Andersartigkeit, die einen Kontrast zu den Flusstälern darstellen.

Obwohl wir auch diesmal immer wieder einfach nur stehen bleiben, um die Landschaft auf uns wirken zu lassen, erreichen wir zügig das Nossobtal und wenden uns nach Norden.

Der Nossob ist wie alle Flüsse in Namibias Inland ein Rivier.

Der Begriff Rivier, hat durch das nicht Vorhandensein eines passenden deutschen Wortes auch Einzug in den Wortschatz der Deutsch-Namibier genommen und kommt ursprünglich aus dem Afrikaans. Gemeint ist damit ein Fluss, der nur gelegentlich Wasser führt.

Kennen sollte man dazu auch die beiden Begriffe „das Rivier kommt ab" und „das Rivier läuft". In der Regenzeit, nach starkem Regen, kommt das Rivier ab, wenn es Wasser zu führen beginnt und läuft wenn Wasser durchgängig fliest.

Beide temporären Naturerscheinungen sind auch für Reisende im Süden Afrikas gefährlich.

Es überrascht immer wieder wie schnell ein Rivier zur gefährlichen, teil-weise auch tödlichen Falle wird, wenn es abkommt. Unter einem strahlend blauen Himmel steckt man urplötzlich in Wassermassen fest oder wird gar mitgerissen.

Man sollte es sich deshalb gut überlegen, ob man zur Regenzeit in einem Rivier campen will.

Auch ein laufendes Rivier zu überqueren kann zum Verlust des Fahrzeugs, wenn nicht sogar zu schlimmeren führen.

Normalerweise wartet man dann bis Wasserhöhe und Fließgeschwindigkeit zum gefahrlosen Überqueren des Reviers wieder geeignet sind, was Stunden, bei ergiebigen Regen auch noch länger dauern kann.

Dem heutzutage immer zügiger durch das Land eilenden Urlaubern mit eng getaktetem Reiseprogramm sei dies als Hinweis gedacht sich in der Regenzeit genügend Pufferstunden in seinen Reiseverlauf einzubauen, um solche Situationen mit der nötigen Ruhe und Gelassenheit zu akzeptieren.

Zurück zum 740km langen Nossob, der als weißer Nossob östlich von Windhoek beginnt und etwas nördlich von Leonardville mit dem schwarzen Nossob zusammenfließt.

Bei Unions End verlässt er Namibia, um danach im KTP die Grenze zwischen Südafrika und Botswana zu bilden.

Am Südende des Parks bei Twee Rivieren (Two Rivers auf der Botswana Seite), dem Hauptcamp des KTP, mündet der Auob in den Nossob. Fünfzig Kilometer südlicher endet dann der Lauf des Nossobs im Molopo, der wiederum in den, im Atlantik mündenden, Oranje fließt.

Einen laufenden Nossob zu sehen war das letzte Mal im Jahr 1964 möglich gewesen.

Wir erreichen Kij Kij, was soviel wie „groß, groß" in der Sprache der Khoi-Khoi bedeutet.

Das Kij Kik Wasserloch wurde am 25.8.1913 als erstes Wasserloch im Nossob gebohrt (für Menschen nicht trinkbares Wasser von schlechter Qualität in 73 Meter Tiefe).

Zu dieser Zeit war, wie bereits erwähnt, Kij Kij Privatbesitz eines Farmers.

Ungefähr 600 Meter nördlich des Wasserlochs findet man dann noch die 1944 gegrabene Mulde, um Regenwasser zu sammeln.

Nur zwei bis drei Kilometer nachdem wir das Wasserloch Kij Kij passiert haben, entdecken wir einen Giraffenkadaver, der von unzähligen Geiern nahezu bedeckt ist.

Eine höchst interessante Entdeckung. Eigentlich kann man hier sogar von einem Meilenstein in der Geschichte des Parks sprechen.

Es ist damit bewiesen das zumindest eine Giraffe ins Nossob Tal gefunden hat.

Die Geschichte der wieder im Park lebenden Giraffen ist noch nicht sehr alt:

Aufgrund von Skelettfunden kam man zu dem Schluss das Giraffen im Park zu früheren Zeiten heimisch waren und erst im Laufe der Zeit in dieser Gegend verschwanden.

Deshalb beschloss man in den Achtzigerjahren diese Tierart wieder anzusiedeln.

Der Tiertransport wurde von der biologischen Abteilung des Etosha Nationalparks durchgeführt, die zu der Zeit die Einzige war, die solch eine Unternehmung durchführen konnte.

Doch dadurch kam es auch zu einem Problem. Im Etosha Nationalpark lebt die Angola Giraffe (Giraffa camelopardalis angolensis). In den KTP gehören aber die Kapgiraffen (Giraffa camelopardalis giraffa). Aus diesem Grund ist die Ansiedlung der „Etoscha Giraffen" deshalb nicht korrekt.

Die Tiere wurden in der Nähe von Mata Mata freigelassen und hielten sich auch jahrelang in dieser Gegend auf. Südlicher als Urikaruus wurden sie nicht gesehen. Erst in den letzten Jahren zogen sie weiter Richtung Süden, wo ich sie 2018 auch schon zwischen Monroe und Houmoed entdeckt habe.

Aber immer hielten sie sich im Auob Tal auf. Von einer Sichtung im Nossob Tal hatte ich noch niemals zuvor gehört.

Von Wilhelm erfuhr ich, dass zumindest einmal vor nicht allzu langer Zeit eine Giraffe in den Dünen bei KK gesehen wurde.

Man kann verstehen, dass die Sichtung des Kadavers nun eine neue Ära bedeutet.

Vielleicht werden nun schon bald auch kleine Herden von Giraffen durch das Nossob Tal ziehen.

Die Vermehrungsrate der Tiere ist sehr hoch, da sie, unter anderem, noch nicht zu den bevorzugten Beutetieren der Löwen gehören, den Tieren, die ihnen gefährlich werden könnten.

Wir lassen den Giraffenkadaver mit seinen Unmengen an Ohrengeiern (Lappet-faced vulture) und Weißrückengeiern (White backed vulture) nebst Jungtieren hinter uns liegen und fahren dem Nossobcamp entgegen.

Hier im Nossobtal zeigt sich einmal mehr diese andauernde Trockenheit. Nirgendwo findet sich ein grünes Stückchen Weideland für Grasfresser. Dementsprechend leergefegt präsentiert sich auch die karge Landschaft während der Fahrt.

Ab und an, aber wirklich sehr selten, lassen sich einzelne Gnus, Oryxantilopen oder ganz kleine Trupps von Springböcken sehen. Selbst an den Wasserstellen findet man keine Tiere. Verständlich, denn was nützt das Wasser, wenn nirgendwo etwas fressbares zu finden ist.

Der trockene weiße Sand auf der Pad, der ohne Sonnenbrille meine Augen reizt, erscheint tiefer als sonst und die Hitze wird immer stärker.

Um halb Elf erreichen wir Nossob.

Jetzt beginne ich mich immer mehr zu Hause zu fühlen. Die meiste Zeit im KTP habe ich im oberen Nossob Tal verbracht. Sei es auf botswanischer Seite mit dem Zelt in Polentswa, auf dem Campingplatz von Nossob oder in den zwei Wildlernesscamps Gharagab und Grootkolk.

Unser erster Weg im Nossob Camp führt uns in den kleinen Shop dessen Sortiment sich in den letzten zehn Jahren immer mehr zum Besseren verändert hat.

Es gib jetzt immer Fleisch, auch wenn die Auswahl nicht riesig ist, sowie Bier, Wein und Spirituosen (außer sonntags), allerlei Nahrungsmittel in Dosen, das wichtige Eis für die Getränke und manchmal sogar Gemüse.

Natürlich sind auch Souvenirs in immer größerer Auswahl erhältlich. Nossob war auch das erste Camp, in dem es frisch gebackenes Brot auf

Bestellung für den nächsten Tag gab, wie heutzutage auch in Mata Mata und Twee Rivieren.

Wir kaufen zusätzliches Feuerholz, Eis und ein paar 1,5 Liter Flaschen Cola Zero und Stoneys ein und halten ein kleines Schwätzchen bei der uns bekannten netten Kassiererin.

Dann checken wir nach dem Tanken, an der Rezeption im Raubtier Informationszentrum, für das Grootkolk Camp ein.

Wie schon so oft bekommen wir noch ein Paket für Franco mit auf die Reise und mit einem Lächeln den gutgemeinten Rat an den selbigen„Say to Franco, too much Cola is not good for him".

Anstatt zur nördlichen Ausfahrt aus dem Camp, fahren wir dann erst einmal zum Pool.

Ich fahre doch nicht im Sommer durch das Nossob Camp, ohne in dem kühlen und erfrischenden kleinen Pool gewesen zu sein.

Der ist obligatorisch und gehört zu jedem Nossob Camp Besuch dazu.

Wie immer tanzen und fliegen roten Libellen und weiß-schwarze Schmetterlinge um den Pool und wie immer muss ich wieder einige unglückliche, tollpatschige fliegende Tänzer aus dem Pool retten.

Gut erfrischt und nicht mehr so schläfrig fahren wir weiter und versinken aber schon bald wieder im scheinbar unendlichen Band des Weges in einer sonnen überfluten ausgetrockneten Landschaft.

Meine Hoffnung, dass es nördlich von Nossob doch etwas grüner würde, erfüllt sich nicht.

Die Zahl der Tiere scheint nochmals abgenommen zu haben.

Das Nossob Tal ist knochentrocken und nirgendwo sieht man auch nur ein grünes Fleckchen Gras.

Wo früher in besseren Regenjahren der gelbe „Devils Thorn" die Pad säumte sieht man jetzt nur Sand.

Bis hinauf zum Wasserloch von Polentswa passiert nichts.

Das KhoiKhoi Wort Polentswa (fehlgeleiteter Fluss), im englischen „Losing the way river" stand Pate für den Namen dieses Wasserloch.

Polentswa aber würde seinem Ruf nicht gerecht werden, wenn da nicht zumindest zwei männliche Löwen in der Nähe des Wassers dösen würden. Was aber ist langweiliger als zwei in der Mittagshitze dösende Katzen zu beobachten. Hier würde sich mit größter Wahrscheinlichkeit erst am Abend etwas tun und so verweilen wir nicht lange und fahren weiter.

Da hatte Polentswa schon anderes zu bieten wie etwa vor vier Jahren als wir auch von Nossob kommend auf eine sehr alte braune Hyäne getroffen sind, die am helllichten Tage im Wasserloch badete und sich dabei nicht stören ließ. Oder als wir hier auf dem Zeltplatz übernachteten und Löwen beobachten konnten, die angespannt auf die ankommende Herde Gnus warteten.

Durch unsere ständige Präsenz in diesem Park seit mehr als einem Jahrzehnt gibt es kaum noch einen Platz im Park, der nicht mit einer besonders tollen Erinnerung vorbelastet ist.

Weiter geht es Richtung Grootkolk und immer vertrauter wird die Gegend.

Dann aber passieren wir „New Lijersdraai".

Dieses „Wasserloch"liegt direkt an der Pad und ist von Weitem schon gut einzusehen.

Ein gebohrtes Wasserloch ist es allerdings nicht. Das Wasser kommt über ein Rohr von der sehr nah gelegenen Lijersdraai Picnic Site. Diese Konstruktion wurde zusammengebastelt nachdem das alte Lijersdraai nicht mehr funktionierte.

Das passierte in etwa zum Jahreswechsel 2018/19, da Ende November 2018 das alte Wasserloch noch intakt war und jetzt im Februar 2019 das neue Wasserloch existiert.

Im ersten Moment mag es ja nicht wichtig sein ob ein Wasserloch um knappe 5 km verlegt wird, aber auf den zweiten Blick sieht es etwas anders aus. Da ist zunächst die Lage direkt an der Pad, die ich für mich einfach nur störend finde. Jeder vorbei-brausende, eilige Fahrer stört. Noch störender wird dieser Umstand mit dem Wissen, wie besonders schön das alte Wasserloch gelegen war. Ein idealer Platz um entfernt von der Pad Tiere beobachten zu können.

Das wirkliche Ärgernis aber besteht in dem Zusammenhang mit dem, in der Schleife hinter dem alten Wasserloch liegenden, Hyänenbau.

Seit mehr als zehn Jahren existierte hier ein großer, stark frequentierter Bau mit oftmals mehr als einem Dutzend Tieren.

Hyänensichtungen waren dort garantiert. Wie oft kamen Jungtiere zu uns an das Auto herüber, um ihre Neugier zu stillen und wie oft konnten wir die Hyänen spielend am Bau oder beim Zurückkommen von der Jagd am Morgen beobachten. Wie oft brachten sie Nahrung für die „Kindergärtnerinnen" und Jungtiere von ihren Jagdzügen mit.

Von den Erlebnissen am alten Wasserloch mag ich fast gar nicht sprechen. Badende und trinkende Hyänen waren am Morgen die Regel, ein Zusammentreffen von Löwen und einer großen Truppe Hyänen das absolute Highlight.

Löwen nutzten gerne das Wasserloch, um sich nach dem morgendlichen Trinken in den Büschen vor der Sonne des heißen Tages zu schützen.

Wir fanden immer wieder Oryxantilopen am Wasserloch und wir entdeckten mehrmals Karakale die vom Wasserloch kamen oder auf dem Weg dorthin waren.

Auch Leoparden wurden ab und an auf einem der Bäume in der Nähe des Wasserlochs gesichtet (leider nie von uns).

Absolut verständlich, lag es doch versteckt und ruhig in schöner Landschaft.

Als wir im Februar 2019 von der Pad zum alten Lijersdraai abbiegen, erkennen wir zu ersten Mal den Zusammenhang zwischen der Installation von New Lijersdraai und dem ausgetrockneten alten Wasserloch.

Und mein erster Gedanke gilt natürlich dem Hyänenbau, der sich etwa einen Kilometer davon entfernt befindet.

Obwohl ich Böses ahne, hoffe ich auf den Verbleib des Baus. Ich bin mir nicht sicher, und eigentlich will ich mir eher nicht sicher sein, ob die zusätzliche extreme Entfernung zum nächsten Wasserloch, dem neuen Lijersdrai, den Betrieb des Baus unmöglich macht.

Die nächsten 15,3 Kilometer bis zum nächsten Wasserloch Kannaguass hänge ich etwas deprimiert meinen Gedanken und Erinnerungen nach, unterstützt von einer scheinbar tierlosen ausgetrockneten Landschaft.

Das Wasser für Kannaguass liegt sehr tief bei 91 Metern und ist nicht unbedingt für den menschlichen Verzehr geeignet.

In guter Erinnerung habe ich das Wasserloch, weil wir hier unsere bislang beste Leopardensichtung im Park hatten und auch oft Raubvögel anzutreffen sind. Besonders Gaukler, Sekretäre und Kampfadler ließen sich hier immer wieder gerne sehen.

Die restlichen 10,4 km sind dann nur noch pure Vorfreude. Mit den Gedanken endlich nach Hause zu kommen, und endlich wieder hier zu sein biegen wir nach Grootkolk ab.

Wir begrüßen Franco und geben seine Bestellung aus Nossob ab.

Danach beziehen wir unser Chalet 1.

Franco muss nicht mit uns kommen, wir kommen ja nach Hause und waren nicht einmal zwei Monate weg gewesen.

Zügig räumen wir unsere Vorräte und Taschen ein und befüllen die leeren Vogeltränken.

Invasionsartig fällt sofort eine große Vogelschar zum Trinken ein, während Sand durch die staubtrockene Ebene wirbelt.

Wir hatten bei unserem Abflug noch erhofft ein grünes Grootkolk anzutreffen, so wie all die Jahre zuvor. Aber die bisherige Reise hatte diese Erwartungen bereits zunichte gemacht.

Noch nie in all den Jahren hier war es im Februar trockener als im November.

Wie oft schon mussten wir uns durch die kilometerlange, unter Wasser stehende, einem Fluss ähnliche Pad hier herauf in den Norden des Parks kämpfen. Immer wieder mussten wir die unpassierbare Pad verlassen um bei starkem Regen im Schlamm und Matsch der Umfahrungen weiter zu schlingern und zu rutschen.

Ich erinnere mich an den fast schon verzweifelnden jungen Mann an der Dikbaardskolk Picnic Site vor etlichen Jahren, der seiner mitgereisten Freundin so gerne einmal den fantastischen Sternenhimmel der Kalahari gezeigt hätte, wenn doch nur einmal in den letzten zehn Tagen die Sterne zu sehen gewesen wären anstatt des ständigen Regens.

Damals war, während der stärksten Regenzeit, die Zufahrt von Nossob aus für 2x4 Fahrzeuge gesperrt worden und auch einige 4x4 Fahrzeuge trauten sich die lange Fahrt (105 km) durch das Wasser nach Grootkolk nicht zu.

Jetzt aber sitzen wir hier und sehen auf ein Desaster für Pflanzen und Tiere.

Schon als wir durch den namibischen Teil des Auob Tals kamen, sahen wir das die Farmer ihren Tieren überall zufüttern mussten, um die schlimmste Katastrophe zu verhindern. Welche Auswirkungen die Trockenheit auf die Tiere im Park hat, kann ich nur erahnen.

Etliche Male laufen wir in der prallen Hitze vom Auto zum Chalet. Ein kurzer Weg zwar, der in der Summe aber doch recht lang wird.

Als wir mit dem Auspacken und Einräumen unserer Habe fertig sind, gönnen wir uns verschwitzt das erste Kaltgetränk in Grootkolk.

Ich habe ein schlechtes Gewissen jetzt zu duschen, wenn ich den Wassermangel um mich herum sehe.

Aus diesem Grund dusche ich während der gesamten Zeit der Reise auch immer nur sehr kurz, um Wasser zu sparen, was mein Gewissen ein wenig beruhigt.

Wir vergammeln den restlichen Nachmittag in Grootkolk mit Lesen und Beobachten der Vögel an den hauseigenen Tränken.

Kurz bevor Franco seinen Rundgang beginnt, bereite ich bereits den Braaiplatz vor, um später nur noch anzünden zu müssen.

Der Rundgang des Camp Assistenten wird in allen Wilderness Camps praktiziert, wobei der Camp Assistent sich vergewissert, dass in den Chalets alles in Ordnung ist. Erlebnisse und Tiersichtungen des Tages werden besprochen und einfach nur ein Schwätzchen gehalten, was gerade auch für den Assistenten, der die meiste Zeit des Tages alleine in seinem Chalet sitzt, sehr anregend ist.

Seit wenigen Jahren haben die Assistenten Fernsehen gegen die Langeweile, während es zuvor nur Funkkontakte zu anderen Camps gab.

Für uns ist es ein „running Gag", wenn die Assistenten andere Camps anfunken. Wie oft haben wir es gehört: „Mata Mata Mata Mata Mata Mata" bis man sich in Mata Mata meldete.

Die Tür zum „Vorgarten" wird geöffnet und wir hören Francos „Hi Svenja hi Peter" schon bevor er zu sehen ist.

Meistens beendet Franco bei uns seine Runde.

Wir kennen uns schon seit Beginn der Wilderness Camps, wie auch Eric von Gharagab, Eric von Urikaruus (der zuerst hier in Grootkolk war), Wilhelm von KK und Wilhelm von Bitterpan.

Franco nimmt Platz und bei einem Sundowner erzählen wir uns, was in den letzten beiden Monaten Neues passiert ist.

Ebenso erfahren wir, welche Tiere in der letzten Zeit am Wasserloch und in der Umgebung gesehen wurden.

Nachdem wir uns für den ersten Abend genügend ausgetauscht haben, läuft Franco zurück zu seiner Unterkunft, um das Licht am Wasserloch anzuschalten.

Für mich ist das Leben hier wirklich eine andere Welt, in der Gedanken von außerhalb nichts zu suchen haben und die auch gar nicht mehr auftauchen.

Der Park und speziell Grootkolk bilden für mich einen eigenen Kosmos der aufregend und gleichzeitig unglaublich entspannend ist.

Wo sonst drehen sich Gespräche über Hyänenspuren am Morgen auf der Pad, vom Rufen der Löwen in der Nacht, von Sichtungen und möglichen Wanderwegen von Herden und Raubtieren. Und natürlich erzählt man sich auch „Stories", für die Afrika bekannt ist.

Stories gibt es aber nicht nur in Afrika, eigentlich erzählt man sich überall Geschichten, deren Wahrheitsgehalt manchmal mehr, manchmal weniger anzuzweifeln ist. Und etwas anderes ist eine „Story", wenn ich das richtig sehe, eigentlich auch nicht.

Ob dies in Afrika signifikant mehr als bei uns zu Hause ist, kann ich nicht beurteilen.

Für die europäischen Einwanderer aber war dies anscheinend ein Problem. Anders kann ich mir nicht erklären, warum diese „Stories" in alten Büchern immer wieder thematisiert wurden.

Auf der anderen Seite aber auch doch wieder verständlich. Da kommt man auf einen fernen, unbekannten Kontinent mit bekannten und vielen unbekannten Gefahren und muss ständig Zweifel am Wahrheitsgehalt der Auskünfte und Erzählungen hegen, die man erzählt bekommt. Zuhause kann man solche „Stories" einfach besser einschätzen.

Folgende politisch unkorrekte, dem Zeitgeist geschuldete, und höchst anzweifelbare Beschreibung über die angebliche Entstehung der Stories im südlichen Afrika habe ich in dem Buch „Im deutschen Diamantenlande" (Erscheinungsjahr 1909) von Kurd Schwabe gefunden:

„[...] Ein alter englischer Händler erzählte mir einst bei einer solchen Gelegenheit, wie seiner Ansicht nach die meisten Stories entständen. Er führte ihren Ursprung auf die Sucht der Eingeborenen, und ganz besonders der Herero zurück, bei Begegnungen mit ihresgleichen stets „etwas Neues" erfahren zu wollen, und ich habe später gesehen, daß der Alte recht hatte. „Sehen Sie, Leutnant," sagte er, „wenn sich zwei solche verdammte Kaffern irgendwo im Felde treffen, so geben sie sich ihre schmutzigen Tatzen, hocken zusammen und saugen nun zuerst an einer gemeinsamen Pfeife, indem sie sich anglotzen. Dann beginnt der eine: Erzähl was Neues! – Ich weiß nichts! Entgegnet der andere, wenn er wirklich nichts Neues erfahren hat. Nun wieder der erste: Erzähl was Neues! --- Ich weiß nichts! ---- Erzähl was Neues! ---- Ich weiß nichts! ------ Dann lüge was! ------ Und dann setzt der zweite seine verfluchte Ehre darein, die verdammtesten Lügen auszukramen, die der erste beim Nächsten, den er trifft, für wahr weitererzählt.

Sehen Sie, Leutnant," schloß der würdige Greis, „so entstehen diese ver-dammten Stories, und wenn Sie mir nur einen „Tropfen" Brandy geben wollten, so wäre ich ich Ihnen – Gott verdamme mich! ---- herzlich dank-bar, denn meine Kehle ist rissig wie das Fell eines alten Elefanten!"
Diese harte Verurteilung der Stories hinderte den Braven jedoch nicht, mir unmittelbar darauf die schamlosesten Lügen und Jagdgeschichten aufzu-tischen, wobei er zu meinem Entsetzen eine ganze Flasche meines kostba-ren Hennessy!!! aussog und mit dem furchtbaren, auch bei den Bastarden sehr gebräuchlichen Schwur schloß: „Denn ich bin der größte Elefantenjä-ger des Landes, so wahr meine Mutter eine weiße Haube trägt! [...]"

Die Dunkelheit senkt sich über Grootkolk.
Und Grootkolk wäre nicht „Magic Grootkolk", wenn nicht bei unserem ersten Abendessen (wunderbare Lammlende aus der Klein Windhoek Schlachterei), ein großer männlicher Löwe aus dem Dunkeln der Nacht zum Wasserloch schreiten würde.
Er trinkt verständlicherweise sehr lange, was die „Hauseule" vom Wasser-loch ungemein stört. Deshalb beschließt sie vor der Nase des verdutzt schauenden Löwen umher zu flattern, bevor sie sich am Rand des Was-serlochs niederlässt und sich mit der Tatsache anfreundet nicht die allei-nige Nutzerin desselben zu sein.
Ein Foto, mit der vor dem Löwen umher flatternden Eule, misslingt, da der Fotoapparat gerade jetzt nicht scharfstellen und auslösen kann oder will.
„Mehr Licht, mehr Licht"!
Nun ja, das Wildlife Foto des Jahres ist damit leider verhindert worden.
Was ich dabei gerade denke, können Fotografen mir sicherlich nachfüh-len.
Nach dem Trinken lässt sich der Löwe sehr nahe am Wasserloch nieder.
Zwei Schakale, die sich während der nächsten Wochen jeden Abend hier einfinden, stört das keineswegs.
Keck und ungeniert trinken sie wenige Meter vom König entfernt, wobei die hektischen Kerle sich aber doch abwechselnden und fortwährenden

Blickes vergewissern, dass seine Majestät auch wirklich ruht und keine Gelüste auf fettarmes Schakalfleisch verspürt.

Der Löwe trinkt nach einer Stunde ein zweites Mal und verschwindet dann in die Nacht Richtung Norden.

Später holt uns sein Brüllen aus dem Schlaf, Welch ein wunderbarer Klang in der Dunkelheit. Ich könnte es die ganze Nacht hören!

Draußen ist es stürmisch aber regenlos und von überall zucken Blitze herab.

Tag 3 im Park
Übernachtung Grootkolk – 2.02.2019

Der Himmel ist wolkenverhangen.

Wir haben beschlossen heute keinen „morning game drive" zu machen.

Stattdessen frühstücken wir mit Eiern, Tee und Marmeladenbrot.

Wie fast immer sind einige Vögel an den frisch aufgefüllten Vogeltränken Im Gegensatz zum Füttern von Wildtieren ist das Aufstellen und Befüllen von Vogeltränken (ab oder aufgeschnittene Plastikflaschen) erlaubt.

Ein Lanner Falke marschiert zu Fuß zum Wasserloch. Kurz darauf erscheint ein Schakal zum Trinken auf der Bildfläche.

Ich sitze mit meinem Tee am Tisch und lese.

Immer wieder werfe ich einen Blick auf das Tier leere Wasserloch. Doch nein, weit gefehlt. Eine Herde Gnus trinkt. Ich bin immer wieder fasziniert wie sich scheinbar selbst so große Tiere an das Wasserloch „heranschleichen" können. Eben schaute ich noch auf eine trostlose, Tier freie Ebene, lese eine Seite meines Buches, und schon sind die Tiere da. Scheinbar aus dem Nichts aufgetaucht.

Lautlos.

Ich höre das Gezwitscher der Vögel im Baum wie den gelegentlichen Flügelschlag des Falken, der seine tägliche Jagd begonnen hat und immer wieder in die am Wasserloch versammelten Tauben schlägt.

Unschlüssig stehen die Gnus zweihundert Meter entfernt vom Wasserloch umher.

Ein Musiktitel von „The Clash" läuft dazu in meinen Gedanken ab:

„Should I stay or should I go".

Nach einer Weile, urplötzlich, galoppieren sie in größter Eile davon.

Sofort scanne ich die Umgebung nach Raubtieren ab. Aber ich entdecke nichts.

Die Gnus sind nach wenigen Sekunden verschwunden als wären sie niemals dagewesen.

Für mich erklärt dieses plötzliche Verschwinden auch das Phänomen der unterschiedlichen Tiersichtungen von nur weniger Minuten hintereinanderfahrenden Autos.

Während von den einen Autoinsassen die Straußenfamilie, die Gnuherde, den Honigdachs oder gar den Leoparden gesehen werden, kommt die Fahrzeugbesatzung eines anderen, nur ganz kurze Zeit vorneweg oder hinterherfahrenden Autos zu dem Schluss, dass es hier und heute gar nichts zu sehen gibt.

Das zeigt, dass man zwar mit viel Wissen um die Tiere seine Chancen von Sichtungen erhöhen kann, aber der Glücksfaktor spielt doch eine nicht unbedeutende Rolle. Am wichtigsten ist es zur richtigen Zeit am richtigen Ort zu sein und immer die Augen immer aufzuhalten.

Heute haben wir beschlossen nicht zu braaien und treffen bereits vormittags die Vorbereitungen für das abendliche Dinner.

Ein großer Schwarm Namaquahühner fällt am Wasserloch ein.

Diese interessanten Vögel fliegen manchmal von ihrem Brutplatz zu Wasserlöchern, um selbst zu trinken, aber durch Mitnahme von Wasser auch ihre Jungtiere im Nest zu tränken. Deswegen lassen sich die Männchen der Brutpaare ihr Bauchgefieder durch hin und her schwenken im brusthohen Wasser vollsaugen.

Die Jungtiere im Nest saugen dann nach der Heimkehr des Vaters das lebensnotwendige Wasser aus dem Gefieder.

Es ist immer wieder faszinierend zu sehen, mit welchen Techniken die verschiedensten Tiere gegen die Widrigkeiten der Kalahari gewappnet haben.

Ein junger Falke schreckt die Namaquahühner auf und jagt die ganze Schar auf den nächsten Baum.

Langsam vertreibt die Sonne die morgendlichen Wolken.

Sie werden abgelöst von blauem Himmel mit Schleierwolken im Westen, dicken weiße Wolken im Süden und grauer Himmel im Norden.

Mit einem gezielten Blick in die richtige Richtung kann man sich so seine Wolkenstimmung aussuchen.

Borstenhörnchen laufen vor mir im Veld. Ihr langer buschiger Schwanz lässt sie unverkennbar werden und unterscheidet sie von den ähnlich großen Erdmännchen.

Eine Wildbiene summt am Spülbecken. Das macht sie schon seit Jahren. Zumindest ein Ur-Nachfahre der vor mehr als einem Jahrzehnt von mir gesichteten ersten Wildbiene, die hier am Spülbecken summte.

Bisher haben wir immer in friedlicher Koexistenz zusammengelebt obwohl afrikanische Honigbienen aufgrund der hohen Prädatoren Dichte in ihrem Umfeld bei Annäherung an ihr Nest als bedeutend aggressiver gelten als ihre europäischen Arten.

Aus der afrikanischen Honigbiene entstanden in der zweiten Hälfte der fünfziger Jahre des zwanzigsten Jahrhunderts die sogenannten Killerbienen.

Grund dafür war, dass im gesamten amerikanischen Doppelkontinent die Honigbiene nicht heimisch war.

Honig wurde vor Ankunft der Europäer von stachellosen Bienen (Meliponini) gewonnen, die aber bedeutend weniger Honig produzierten als die Honigbiene.

Mit der Ankunft der Europäer in Amerika wurden europäische Honigbienen eingeführt, die meist aus Deutschland oder Italien importiert wurden, aber nicht gut mit dem tropischen Klima zurechtkamen.

Aus diesem Grund beauftragte das brasilianische Agrarministerium den brasilianischen Genetiker und Insektenforscher Warwick Estevam Kerr eine leistungsstarke, dem tropischen Klima angepasste Bienenart zu züchten.

1956 brachte er 120 afrikanische Bienenköniginnen der Ostafrikanischen Hochlandbiene (Apis mellifera scutellata) aus Johannisburg nach Rio Claro in Brasilien und kreuzte sie mit den bereits dort lebenden Bienen, um leistungsfähigere Honigbienen zu erhalten.

1957 entkamen 26 Bienenschwärme mit afrikanischen Königinnen aufgrund eines Missverständnisses in die Wildnis, wo sie sich mit rasanter Geschwindigkeit vermehrten und verbreiteten. In kürzester Zeit gelangten sie bis nach Nordamerika, wo man aufgrund von Angriffen auf Tiere und Menschen von Killerbienen sprach.

Die Furcht vor diesen Bienen ist gerade in den USA weitverbreitet.

Äußerlich ist diese Biene den friedlicheren Arten sehr ähnlich. Der Unterschied liegt in ihrem Verhalten. Während bei anderen Arten bei einer Bedrohung nur die Wächterbienen des Volkes angreifen, ist es im Falle der Killerbienen gleich das ganze Volk, das attackiert. Zudem stechen sie bei der geringsten Provokation zu und verfolgen ihre Opfer sehr hartnäckig über große Distanzen.

Durch den Angriff eines ganzen Volkes kann es eher zu einem tödlichen Zwischenfall kommen, da die Zahl der Stiche entscheidend ist.

Bei einem Kind sind etwa 500 Stiche tödlich, bei einem Erwachsenen benötigt es mehr als 1000.

Warwick Estevam Kerr hat sich zu der Problematik der von ihm erschaffenen Killerbienen geäußert:

„Wir haben in Brasilien jährlich knapp 200 Tode durch unsere Bienen. An einer bestimmten Straße in Sao Paulo sind es fünfmal so viele Verkehrstote.

Er geht davon aus, dass sich das aus seiner Züchtung ergebene Problem, ähnlich wie bei Haiunfällen, übertrieben dargestellt wird.

Dafür spricht auch das sich die brasilianischen Imker auf das Verhalten der afrikanischen Biene eingestellt haben und gelernt haben mit dieser zu arbeiten.

Besondere Schutzanzüge und angepasste Arbeitsmethoden führten zu einer Bienenzucht mit hohen Erträgen.

Von ehemals 20 kg (Produktion Honig eines Bienenvolkes pro Jahr) wuchs der Ertrag auf 50 bis 60 kg im Jahre 1990 und katapultierte Brasilien vom 27 Platz der honigproduzierenden Ländern 1956 auf Platz 3 im Jahre 1990.

Zurück nach Grootkolk

Es gibt viele Fliegen, die schon ein wenig nerven, wenn sie ständig im Gesicht landen wollen, während ich lese.

Eine bleierne Schwere liegt über dem Land.

Der alte schöne Baum im Vorgarten dient als Landeplatz für die zur Tränke kommenden Vögel.

Einen Kameldornbaum hat jeder Vorgarten eines Chalets. Der Baum von Chalet 2 beherbergt ein Baumrattennest, dessen Bewohner sich des Öfteren nach Einbruch der Dunkelheit auf dem Baum oder am Chalet sehen lassen.

In den ersten Jahren nach dem Bau der Wildernis Camps gab es die umzäunten Vorgärten in Grootkolk noch nicht.

Die Umzäunung wurde erst später als Sicherheitszone angebracht.

Am Anfang gab es nur den ummauerten kleinen Vorhof. Und wer genau schaut, kann noch die frühere Aussparung in der Mauer erkennen, in der der Grill in die Mauer integriert war.

Ich denke, auch wenn man diese Zeiten nicht kennt, kann man sich anhand der Höhe der Mauer gut vorstellen, dass es Raubtieren kein Problem bereitet, sich am Fleisch auf der Mauer zu bedienen. Alleine der Fleischgeruch der Grills, auch nach dem Braai, konnte Raubtiere anziehen.

Da scheint der Maschendraht umzäunte Braaiplatz im Vorgarten doch eine sichere Variante zu sein.

Ein weiterer Grund für den Bau der Vorgärten sind die Kameldornbäume selbst, die von Löwen gerne, nach dem Besuch des Wasserlochs, als Schatten- und Kratzbaum genutzt wurden.

Zu guter Letzt kommt mir auch noch die Geschichte in den Sinn, bei der dieser neue Vorgarten im Mittelpunkt des Geschehens stand.

Es war im November 2012 soweit ich mich erinnere.

Ein Löwenrudel jagte eine Kuhantilope (Red Hartebeest). Das verfolgte Tier krachte im vollen Lauf in den Zaun des Vorgartens und wurde dort auch verspeist.

Ohne Zaun wären die Löwen dann so gut wie im Chalet gewesen.

Nachdem der Kadaver zu stinken begann, zog man ihn ein paar hundert Meter weit weg da der Geruch nicht mehr zu ertragen war.

Unsere Wildbiene hat Besuch.

Ich zähle vier weitere Bienen, die es sich in der Feuchte des Spülbeckens und des gelegentlich tropfenden Wasserhahns gut gehen lassen.

Gestern vermissten wir Miss Marple.

In Grootkolk lebt seit einiger Zeit eine Gennet Katze (Small spotted genet). Im November hatten wir sie jeden Abend zu Gast, da sie gerne das Angebot annahm, aus der frisch gefüllten Vogeltränke zu trinken.

Man kann sich sicher unsere Überraschung vorstellen, als wir im Dunkeln, auf der Terrasse sitzend und das beleuchtete Wasserloch beobachtend, in der Stille der Nacht ein leises Schlappern an der Vogeltränke wahrnahmen und Miss Marple in voller Größe, ihr Hinterteil uns zugewandt, entdeckten.

Sie war, wie wir bei späteren Besuchen feststellen konnten vom Dach über das Zeltvordach auf die Mauer heruntergestiegen und schlich keine 20 cm neben unserem Kopf unbemerkt entlang.

Das war der umgekehrte Weg, den sie bei ihrem Rückweg nahm. Allerdings legte sie beim Rückweg auf dem Zeltvordach immer noch eine Pause für Maniküre bzw. Pediküre ein.

Seit November muss es nun einen oder mehrere etwas liederliche Chalet Mieter gegeben haben, die etwas knausrig beim Bereitstellen des Wassers waren und so Miss Marple genötigt haben ihr Glück in Chalet 4 zu versuchen.

Anscheinend ist sie dort zurzeit mit der Wasserversorgung zufrieden, wie wir von Franco erfahren haben. So werden wir sie wohl weiter vermissen, und auf unachtsame Mieter in Chalet 4 hoffen.

Miss Marple wurde bisher niemals an den Chalets 3 und 2 gesehen, welche anscheinend, aus welchem Grund auch immer, keine Alternative für sie darstellen.

Einer der Lanner Falken hat eine Taube gerissen und bevor ich ein gutes Foto machen kann, ist er mit seiner Beute auf einen entfernter liegenden Baum entschwunden.

Es ist inzwischen kurz vor 12:00 Uhr und Zeit für einen kleinen Mittagsschlaf.

Wer weiß wie lange wir wieder in der Nacht sitzen und lauschen, während wir auf das warten, was da wohl durch dieselbe schleicht.

Es gibt für uns nichts Schöneres, als diese warmen angenehmen Nächte voller Überraschungen am Wasserloch.

Als ich nach einer halben Stunde wieder aufgewacht bin und nach draußen gehe, schlägt der Lanna Falke wieder zu.

Diesmal ist es ein Borstenhörnchen, das er erwischt hat.

Und inzwischen habe ich auch begriffen wer ihm da ständig seine Beute streitig macht.

Es ist das fast erwachsene Jungtier im noch braunen Federkleid, das sich beim selber jagen noch ziemlich ungeschickt anstellt. Bei uns würde man sagen, es möchte den Eltern gerne weiterhin auf der Tasche liegen. Bei Familie Falke kann man es eher auf dem Magen liegen umschreiben.

Nach einem kurzen Streit bleibt das Elternteil der Sieger und zieht mit seinem Mittagessen von dannen.

Ein ganz leichter Landregen setzt ein, der über die beiden nächsten Stunden das trockene Land etwas befeuchtet.

Wir beschließen nach Unions End zu fahren.

Von Grootkolk aus sind es ungefähr 24 km bis man das Dreiländereck Namibia, Botswana und Südafrika erreicht.

Zunächst sind es etwa 7,5 km bis zum nächsten, schön in einem kleinen, lichten Wald gelegenen, Wasserloch Geinab, das schon seit Jahren kein Wasser mehr führt.

Zu den Zeiten als die Pumpe noch funktionierte war es ein Paradies für Raubvögel.

Die zahlreichen Bäume dienten hervorragend als Ansitz zur Jagd und hier gelangen immer wieder hervorragende Bilder der jagenden Tiere.

Für manch andere Tiere ist Geinab aufgrund seiner Salz Leck Stellen auch ohne Wasser noch sehr attraktiv.

Auf der linken Seite der Straße befinden sich offen liegende Natursteine die für Oryx, Strauße und Kuhantilopen sehr anziehend sind und rechts hinter dem Wasserloch auf der Fahrt nach Norden findet man salzhaltigen Tonboden den besonders Springböcke interessieren.

Zwischen Grootkolk und Geinab hatte wir gegen Abend zwei unserer schönsten Tiersichtungen der letzten Jahre, im Februar 2018 als uns einmal zwei braune Hyänen uns entgegenkamen und beim Vorbeilaufen beschlossen, direkt an den Wagen zu kommen, um daran zu schnüffeln.

Ich denke es war, wie immer, von Vorteil, dass wir den Motor schon bei der ersten Sichtung der entgegenkommenden Tiere ausgemacht haben und stehen geblieben sind.

Auch ein paar Tage später, als uns drei junge Löwen mit Mutter an fast derselben Stelle am Auto begutachteten, lief es ebenso ab.

Von Geinab bis Unions End Picnic Platz sind es etwas mehr als 11 km und je weiter wir nach Norden kommen, um so grüner wird es.

Größere und kleinere Querrillen in der Straße zeugen von Wassermassen, die hier ins Flussbett geflossen sind.

Endlich etwas Grün und damit auch Nahrung für die hier zahlreicher vorkommenden Springböcke, die versuchen das frische Gras abzuweiden.

Straußentrupps streifen durch das Flussbett und Raubvögel sitzen auf Bäumen.

Auch ein Tokopaar auf einem Baum neben der Pad lässt sich durch unsere Fahrt nicht stören.

Am Picknick Platz drehen wir eine Runde und steigen kurz an einem der Steintische aus, um uns etwas die Beine zu vertreten und uns umzusehen.

Es hat inzwischen aufgehört zu regnen. Tiere sind nicht zu sehen.

Von hier sind es noch einmal ein paar hundert Meter bis zum Wasserloch und insgesamt fünf Kilometer bis Unions End.

Das Wasserloch selbst ist komplett einsam und verlassen, nicht einmal mehr Vögel sitzen in dem schönen großen Baum direkt daneben.

Das Windrad dreht sich zwar, aber auch hier gibt es beim genaueren Hinsehen kein Wasser. Somit ist auch dieses Wasserloch, aus dem, wenn es funktioniert, Wasser der schlechteren Sorte aus einer Tiefe von 131 Metern gepumpt wird, außer Betrieb.

Mir gefällt dieser Platz sehr gut, auch wenn wir hier noch nie größere Tiere trinken sahen, da wir aufgrund der Entfernung zum Camp niemals am ganz frühen Morgen oder spät abends dort sein können.

Aber in guten Regenjahren blüht hier ein Teppich von gelben Devils Thorn und es wimmelt von Vögeln, vorausgesetzt das Wasserloch ist in Ordnung.

In der Nähe des Wasserlochs entdecken wir Spuren von großen männlichen Löwen. Mindestens zwei Tiere müssen vor kurzem hier vorbeigekommen sein.

Wie so oft fahren wir die letzten Kilometer hinunter zum Dreiländereck, wo eine große Schautafel, ein Wegweiser mit Richtungsangaben zu den drei Hauptstädten der angrenzenden Länder und eine Box mit Schreibbuch und Stift für den „Ich war hier" Eintrag zu finden sind.

Die Grenze zu Namibia markiert hier ein sichtbarer, mehrere hundert Kilometer langer, elektrifizierter Zaun, um Löwen am Betreten der namibischen Schaffarmen zu hindern.

Gelegentlich hört man hier auch das Blöcken der namibischen Schafe.

Ansonsten ist nicht viel zu sehen. Nur die Weite des Flussbetts und die flachen Dünen in Botswana liegen ausgebreitet vor uns.

Der inzwischen blaue Himmel mit einzelnen weißen Wolkenstreifen verheißen auf dem Heimweg nach Grootkolk einen tollen Sonnenuntergang.

Zum Abendessen gibt es Springbockfilet, kleingeschnitten, in der Pfanne mit Öl und Zwiebeln angebraten, mit Salz und Pfeffer gewürzt und anschließend mit Weißwein abgelöscht. Danach im Topf zusammen mit den gekochten Kartoffeln mit Edamer Käse überbacken.

Voilà! Lecker!

Wie erwartet genießen wir unseren „Sundowner" bei einem phantastischen Sonnenuntergang, zu dem sich auch Franco nach seiner „Runde" gesellt.

Von Wilhelm hat Franco erfahren, dass bei KK ein gewaltiger Sturm etliche Bäume gefällt hat.

Wir unterhalten uns noch eine Weile über seine Familie bevor er zurückmuss, um das Licht am Wasserloch anzuschalten.

In der Nacht scheinen nur Braune Hyänen („Brownies") unterwegs zu sein. Zuerst erscheinen gegen 22:00 Uhr zwei Tiere zum Trinken und dann sehen wir morgens gegen 5:00 Uhr nochmals zwei Braune Hyänen am Wasserloch.

Möglicherweise waren es die beiden vom Abend, die jetzt nach Hause zum Bau zurückkehren.

Tag 4 im Park
Übernachtung Grootkolk – 3.02.2019

Da wir heute sehr früh los-wollen und einen ersten Kaffee auf der Veranda trinken, sehen wir die erwähnten Hyänen, während wir darauf warten, losfahren zu dürfen.

Heute wollen wir endlich einmal zum Hyänenbau im Loop hinter dem defekten „Old Lijersdraai" fahren, um uns ein Bild der Situation zu machen.

Schon kurz nach der Abfahrt entdecken wir im Nossob Rivier die nächste braune Hyäne laufen.

Wenn ich daran denke, wie lange es dauerte bis wir unsere erste „Browny" sahen, und wie lange wir uns dieses Zusammentreffen gewünscht hatten. Heute muss ich darüber schmunzeln, da sie uns jetzt scheinbar ständig über die Füße laufen oder zum Wasserloch kommen.

Bis zur Einfahrt zum Loop zeigt sich kein weiteres Tier.

Nur frische Spuren von weiteren braunen Hyänen sind gelegentlich auf der Pad zu sehen.

Wir fahren in den Loop bis zum Bau der Typfelhyänen und erkennen keine Bewegung, die auf ein Tier schließen könnte.

Im Loop, weg vom Nossob Rivier, wirkt es noch trockener und meine Befürchtung, dass die Verlegung des Wasserlochs zur Aufgabe des Baus geführt hat, scheint sich zu bewahrheiten.

Wir werden aber sicherheitshalber noch mehrmals zurückkommen müssen, um ein endgültiges Urteil zu fällen.

Mich macht diese Beobachtung sehr traurig. In Gedanken sehe ich nochmals all das hier Erlebte und die wundervollen Begegnungen mit den Bewohnern des Baus vor meinem geistigen Auge.

Aus und vorbei?

Vergangenheit?

Aber noch will ich die Hoffnung nicht aufgeben.

Die Rückfahrt nach Grootkolk ist dann sehr abwechslungsreich.

Im Flussbett haben sich an verschiedenen Stellen Raubvögel zu kleinen Gruppen versammelt.

Falken sind dabei, Schlangen- und Kampfadler sowie viele Bataleure und ihre Jungtiere.

Kannaguass mit seinem großen Kameldornbaum wird von vielen Tauben belagert. Ich mag die Tauben im KTP. Ihr ständiges Rufen gehört zu der Kalahari Stimmung einfach dazu, ohne zu nerven.

„Die Kapturteltaube ist eine sehr ruffreudige Art, die nicht nur den ganzen Tag über, sondern auch in mondhellen Nächten zu hören ist."

Diesem Eintrag bei Wikipedia kann wohl jeder zustimmen der in der Kalahari gewesen ist.

Kurz vor 9:00 Uhr sind wir wieder zurück in Grootkolk und frühstücken Unsere Falken jagen wieder erfolgreich. Namaqua Flughühner holen Wasser und die Tauben gurren.

Der Himmel ist wolkenlos.

Die Falken starten einen Angriff nach dem anderen.

Immer wieder erbeuten sie auch eine Taube, um die es dann gelegentlich Streit mit dem Nachwuchs gibt.

Die Tauben kommen nach jedem Angriff der Falken wieder zum Wasserloch zurück, auch wenn ein Falke gerade einen ihrer Artgenossen verspeist.

Pietätlos oder clever, da der Falke jetzt gerade beschäftigt ist und sie in Ruhe lässt?

Tod und Leben findet hier eng nebeneinander statt, beides ist immer gegenwärtig.

Ein einzelnes Gnu nähert sich vorsichtig dem Wasserloch und lässt sich von den jagenden Falken kurz verschrecken.

Unsere Biene scheint heute alleine zu sein, summt aber wie ein ganzer Schwarm.

Die Borstenhörnchen kommen bis in den Vorgarten da sie bei den Nachbarn gefüttert werden und hier das Gleiche erwarten.

Eine farbenprächtige männliche Bodenagame (Agama aculeata) erscheint auf dem Baum im Vorgarten.

Jetzt um 11:00 Uhr wird es ruhiger. Die Falken scheinen Mittagspause zu haben. Nur Franco ist auf den Beinen und reinigt die Braaiplätze.

Es ist inzwischen 14:00 Uhr, die Hitze gnaden- und schattenlos.

Ich kann gut verstehen, warum sich jetzt kein Tier sehen lässt.

Die gefüllte Vogeltränke ist verwaist, Tauben und Falken sind verschwunden.

Alle und alles ächzt, stöhnt und resigniert unter der unbarmherzigen Hitze.

Ein Schattenplatz ist ein wertvoller, gefundener Schatz.

Einzig die Fliegen scheinen sich an der Hitze zu erfreuen und nerven bis man resigniert und sie gewähren lässt.

Duschen würde jetzt auch nichts bringen, da das Wasser viel zu warm ist.

Zwar nicht so heiß wie das von den Wassertanks auf den Dächern der Hotels in Rajasthan im Juni, aber doch sinnfrei bei Benutzung.

Manchmal fegt ein Wind mit der Hitze eines Föhns durch das Camp.

Heiß, heiß, heiß ist das häufigste Wort im Tagebuch.

Um 15:00 Uhr sind drei Kudu Damen in der Hitze unterwegs.

Scheu und aufmerksam trinken sie am Wasserloch, um sofort wieder weiter zu traben und in der Weite zu verschwinden.

Um 15:30 Uhr erscheint Franco, mit Hut, Jacke, langen Hosen und Stock bewaffnet, auf der Bildfläche und marschiert Richtung Wasserloch, dessen Wasserstand zu wünschen übriglässt.

Nach einer ausgiebigen Kontrolle steuert er unser Chalet an, und ich hole schon mal die Autoschlüssel, da ich genau weiß was jetzt wieder passieren wird.

Das Problem liegt mal wieder an der Pumpstation nimmt er an und die liegt auf der Düne hinter dem Assistenten Chalet.

Aus Sicherheitsgründen lässt sich Franco immer dorthin fahren und diesmal vergesse ich meine Kamera nicht.

In der Pumpstation lebt ein Schleiereulen Paar (T.a. Affinis), dass jedes Mal, wenn Franco sich an der Pumpstation zu schaffen machen muss und die Tür öffnet, herausfliegt und sich mit etwas Glück in einem der nahen Bäume niederlässt. Dort warten sie, bis Franco und sein Fahrer wieder verschwunden sind.

Wir sehen und hören die Eulen jeden Abend und Nacht, wenn ihre Jagdzeit beginnt, aber Fotos am Tage hatte ich bis jetzt keine von Ihnen.

Das habe ich dieses Mal geändert.

Zurück am Chalet halte ich ein Schwätzchen mit dem südafrikanischen Nachbarn aus Natal.

Er lässt gerade Luft aus den Reifen für die Fahrt nach Gharagab am nächsten Morgen.

In 5 Tagen werden wir uns wieder hier in Grootkolk sehen, stellt sich bei der Unterhaltung heraus.

Um 17:00 Uhr starten wir unseren Gamedrive Richtung Unions End.

Die Landschaft wirkt wieder etwas grüner nach dem Regen tags zuvor.

Mehr Springböcke scheinen im Tal einzutreffen und Orxy und Strauße sind zahlreicher zu sehen.

Ein herrlich intensives Abendlicht begleitet uns, bis wir zehn Minuten nach Sieben wieder zurück sind.

Natürlich nehmen wir den Sundowner zusammen mit Franco ein.

Unser Steak gibt es aufgrund ausufernder Faulheit auch heute nur aus der Pfanne.

In der Dunkelheit werden die großen Falter, die alle an und in das Rotweinglas wollen, zur Plage.

Sogar ein frisch gefülltes Glas muss ich weg schütten da es einem der Tiere gelungen ist hineinzufallen.

Von Franco hatten wir beim Sundowner erfahren, dass diese Falter nicht ungefährlich sein sollen, wenn sie mit einem Getränk in Verbindung kommen. Ihre Schuppen sollen ganz schnell eine allergische Reaktion auslösen können.

Ich bin mir sicher, dass Franco diesbezüglich genügend Erfahrung hat, um diese Behauptung nicht anzuzweifeln oder gar zu testen.

Den glänzenden Schmierfilm auf dem Rotwein konnte ich jedenfalls gut sehen.

Unerklärlicherweise sieht anscheinend niemand außer uns die große Afrikanische Wildkatze, die wir am Wasserloch fotografieren.

Kein einziger Leuchtstrahler erhellt die Nacht.

Bei der braunen Hyäne 30 Minuten später dagegen leuchtet es dagegen auch von allen anderen Chalets.

Um 22:30 Uhr schaltet Franco die Beleuchtung des Wasserlochs ab.

Die Batterien hier in Grootkolk sind leider nicht gut genug, um die Beleuchtung die ganze Nacht brennen zu lassen.

Die Vorschrift von SAN Parks verlangt, dass die Batterien mindestens 70% Füllstand haben müssen, nachdem das Licht am Wasserloch ausgemacht wurde.

Es gab leider einige Beschwerden wegen mangelndem Licht in den Chalets, nachdem das Wasserloch zu lange beleuchtet worden war.

Für mich unverständlich. Mein Komfort ist das beleuchtete Wasserloch.

Licht im Chalet habe ich per Stirnlampe selbst.

Aber die Prioritäten in der Wildnis sind manchmal anders gewichtet.

Wir gehen zu Bett und ich entdecke mit der Stirnlampe einen kleinen Skorpion auf dem Fußboden.

Wahrscheinlich war ich da beim Nachholen von Getränken oder Eis zu nachlässig und hatte die Tür zu lange geöffnet.

Sehr oft ist es gerade in Grootkolk schon vorgekommen, dass Schlangen in ein Chalet kamen, hat uns Franco, und früher auch Eric, erzählt.

Im Gegensatz zu dem Skorpion, auf den ich unbeabsichtigt mit Schuhen getreten bin, hatten wir diesmal noch einmal Glück gehabt. Ich werde wieder mehr achtsam sein nehme ich mir vor.

Der Stich eines Skorpions kann lebensgefährlich sein, besonders wenn es ein Skorpion der Familie Buthidae ist. Sehr schmerzhaft, aber weniger lebensgefährlich sind Stiche von Skorpionen der Familie Scorpionidae.

Man kann die Skorpione aus den beiden in der Kalahari vorkommenden Familien leicht unterscheiden. Buthidae Skorpione haben einen dicken Schwanz (in dem viel Gift vorhanden ist) und kleine Scheren, während es bei Familie Scorpionidae genau umgekehrt ist.

Bevor wir uns hinlegen leuchte ich noch einmal zum Wasserloch hinüber und meine Taschenlampe erfasst zu meiner Freude eine Tüpfelhyäne.

Schnell sind wir draußen und filmen das Tier.

Wie vom Licht angezogen leitet sie der Strahl der Taschenlampe direkt zu uns.

Etwas Angst, Respekt und Faszination vermischen sich. Das sind die Momente, die Afrika so einzigartig machen. Adrenalin pur!

Die Hyäne schleicht weiter um uns herum und kommt auch schnüffelnd direkt an die niedrige Mauer der Veranda, hinter der wir stehen.

Man sieht ganz deutlich, wie groß das Tier, und wie klein die Mauer im Verhältnis zu ihr ist.

Wir ziehen uns langsam direkt an der Tür zum Chalet zurück, bereit hineinzuspringen.

Langsam entfernt sich das Tier nun zwei bis drei Meter und schnüffelt an dem Gebüsch links von uns.

Dann trollt sie sich hinaus in die Nacht, deren Dunkelheit sie verschluckt.

Zurück bleiben zwei begeisterte Menschen deren Herz immer noch bis zum Hals schlägt, und die sich nochmals zu einem letzten Getränk an den Tisch setzen.

Schlafen können wir im Moment nicht.

Um 2:00 Uhr nachts hören wir dann Löwen brüllen und entdecken sie in der Nähe des Wasserlochs vorbeilaufen.

Danach schlafen wir dann doch irgendwann, von kurzen Taschenlampen-blicken aufs Wasserloch unterbrochen, bis zum Sonnenaufgang.

Tag 5 im Park
Übernachtung Grootkolk – 4.02.2019

Der heutige Tag startet mit blauem Himmel und Sonnenschein.
Um 7:00 Uhr ist es noch angenehm kühl und klar. Das Thermometer zeigt nur 26 Grad Celsius an.
Während unseres Frühstücks treffen von überall her Tauben und Namaquahühner am Wasserloch ein. Auch die Falken beginnen ihr Tage-werk.
Nach einer erfolgreichen Jagd auf eine Taube attackiert der Jungvogel den erfolgreichen Jäger, um an Nahrung zu kommen. Es beginnt ein faszinie-render Kampf zwischen den Beiden den ich mit mehreren Fotos dokumen-tieren kann.
Welch ein schöner Tagesbeginn für den Fotografen in mir.
Nach solchen Fotoaufnahmen schmeckt das Frühstück sogar noch besser als sonst.
Heute gibt es Salami, Käse und Marmelade auf Schwarzbrot.
Und weil es so ein schöner Tag ist, gibt es auch noch ein großes Stück vom weitgereisten Christstollen, den meine Schwägerin jedes Jahr nach einem Ostpreußischen Rezept von Tante Margot bäckt.
Vier Gnus, angeführt von einer Kuhantilope, kommen zum Trinken.
Während die Gnus ausgiebig trinken, steht die Kuhantilope nur sehr wach-sam am Wasserloch.
Danach setzten die beiden Tierarten ihren Weg in verschiedene Richtun-gen fort.
Ich frage mich warum die Kuhantilope nicht getrunken und solch ein al-truistisches Benehmen an den Tag gelegt hat?

Ich weiß nicht, ob es eine Rolle spielt, dass Kuhantilopen die nächsten Verwandte der Gnus sind, oder ob es damit zu tun hat das Kuhantilopen besser riechen und hören können als Gnus, oder dass Gnus auch auf das bei Gefahr warnende Prusten der Kuhantilope reagieren.

Und vielleicht ist es auch kein Altruismus der Kuhantilope, da Gnus im Gegensatz zu Kuhantilopen besser sehen können.

So wird dann ganz schnell aus dem Zusammensein eine Win-win-Situation.

Heute morgen erinnert unsere Umgebung einmal mehr an Alfred Hitchcocks Film „Die Vögel".

Überall zwitschert es, die Vogeltränken sind stark frequentiert und es haben sich schon lange Warteschlangen gebildet.

Die Äste der Bäume biegen sich fast schon von unzähligen Webervögeln, Sperlingen, Finken und Kanarienvögeln. Auch zwei Glanzstare, ein Kalahari Heckensänger und der junge Trauerdrongo gesellen sich dazu.

Die Masse der Vögel kann da schon etwas beängstigend wirken, zumal wir genauestens beobachtet werden.

Ich bereite bereits den Braai für heute Abend vor und häufe etliche Holzscheite über dem „Starter" auf.

„Starter" nennt man in Südafrika die weißen Kunstprodukte, die das Anzünden von Feuerholz erleichtern.

Ein einzelnes Gnu erscheint auf der Bildfläche und nähert sich ganz langsam dem Wasserloch.

Zwei Borstenhörnchen sind im Vorgarten, wie auch auf der Veranda, auf der Suche nach heruntergefallenen Frühstückskrümeln. Durch Fütterungen haben sie die Scheu vor Menschen gänzlich verloren.

Franco reinigt Chalet 2. Die netten südafrikanischen Nachbarn aus dem Zululand sind bereits mit unseren besten Grüßen für Eric von Gharagab im Gepäck abgereist.

Gharagab war unser allererstes Wildernes Camp im KTP in dem Eric schon von Anfang an als Assistent verantwortlich war

Das Gnu hat das Wasserloch erreicht und trinkt ausgiebig.

Gharagab war gerade während der ersten Jahre des Camps selten besucht. Manchmal war über Tage niemand dort oben in den Dünen.

Sicherlich war dies keine leichte Zeit für den Verantwortlichen im Camp, der mit dieser Einsamkeit umgehen musste, da es im Gegensatz zu heute auch noch keine Unterhaltung durch den Fernseher gab.

Wir lernten auch einige Assistenten kennen, die dies nicht konnten und aufgegeben haben. Eric aber blieb.

Ein Hörnchen bettelt vor mir unter dem Tisch, steht auf seinen Hinterbeinen und winkt mit den Vorderfüßchen „Gib-mir, gib-mir", während seine aufmerksamen Augen mich anblicken.

Die Wildbiene inspiziert das gespülte Geschirr während nun ein ganzer Trupp Borstenhörnchen im Vorgarten auf Nahrungssuche unterwegs ist.

Eine Königswitwe ist zur Tränke gekommen.

Ihr Flug erscheint aufgrund ihrer langen Schwanzfedern wie ein Tanz in der Luft.

Ihr Brutverhalten ähnelt dem unseres heimischen Kuckucks, da sie als Brutparasit ihre Eier in die Nester anderer Vogelarten legen. Die Königswitwe bevorzugt dazu den farbenprächtigen Granatastrild, eine Prachtfinkenart, die auch immer wieder an der Vogeltränke anzutreffen ist.

Königswitwen sind aber zumindest so nett und werfen nicht auch noch die Eier des Wirtstieres aus dem Nest wie unser Kuckuck.

Als Ersthalterin eines Granatastrild in Europa gilt übrigens Madame de Pompadour, die 1754 ein Männchen dieser Vogelart zu Geschenk erhielt und dieses 3 Jahre lang pflegte.

Die Webervögel werden frecher und spazieren auf der Suche nach Brot und Christstollenkrümel zwischen meinen Beinen umher.

Wobei mir scheint, dass sie Christstollen bevorzugen, da auch „Weber" wissen, was am besten schmeckt.

Franco ist mit seiner Tätigkeit in Chalet 2 fertig und kontrolliert zu seiner vollsten Zufriedenheit das Wasserloch, bevor er zu seinem Chalet zurück geht.

Eine wunderbare Stille legt sich über das Camp in dem wir jetzt um 11:00 Uhr ganz alleine sind.

In der prallen Hitze kommt ein Spießbock (auch Oryx oder Gemsbock) zum Wasserloch.

Das der Gemsbock (Oryxantilope) alle Souvenirs des Kgalagadi Transfrontier Nationalparks ziert ist absolut folgerichtig, da der heutige Park aus den beiden „Gemsbockparks" (Gemsbok Nationalpark in Botswana und Kalahari Gemsbok Nationalpark in Südafrika) entstanden ist und auch damals in beiden Parks schon Wappentier war.

Die Oryxantilope ist hervorragend adaptiert an ihr Habitat.

Diese bis zu 200 Kilogramm schweren Tiere besitzen ein Adergeflecht an der Halsschlagader das in der Art eines Wärmeaustauschers funktioniert. Dadurch konnten bei Oryxantilopen schon Körpertemperaturen von 45 Grad gemessen werden ohne, dass das Tier zu Schaden kam.

Der Spießbock zog auch, nach einer Theorie vieler Biologen, in die Mythologie ein.

Frühere Seefahrer, die im Sande der arabischen Halbinsel ein Oryx sahen, das sich ihnen in einem bestimmten seitlichen Winkel präsentierte, konnten aufgrund des Blickwinkels nur ein Horn auf dem Kopf dieses Tieres erkennen.

Es ist gut vorstellbar das die Legende vom Einhorn damit geboren wurde.

Wieder wird es immer heißer unter einem wolkenlosen Himmel.

Alle und alles scheint Pause zu machen, es kommt mir vor als hätte das Leben einige Gänge heruntergeschaltet.

Durst!

Die allgegenwärtigen Borstenhörnchen laufen immer wieder durch den Vorgarten. Ihre buschigen Schwänze fungieren dabei als Sonnenschirme.

Stille.

Das Schreiben strengt an bei der Hitze. Sätze werden kürzer.

Das Gehirn scheint auszutrocknen in der prallen Sonne.

Der Hut genügt nicht.

Kein Schatten! Nirgendwo.

Die Hitze beginnt weh zu tun.

Die Vögel sind verschwunden.

Ich will den Schlaf nachholen von letzter Nacht.

Kurzes Duschen, ohne abzutrocknen verbessert die Situation temporär.

Ein gelegentlicher Windhauch kühlt den nassen Körper bevor ich einschlafe und nach einem kurzen Schlaf wieder nach draußen gehe.

Ab und zu fegt heiß und heftig eine Windböe vorbei.

Noch einmal kontrolliert Franco das Wasserloch zu seiner Zufriedenheit.

Ich mache Feuer und wir braaien am Nachmittag, um den Faltern zu entgehen.

Unser Leben besteht hier aus ruhen, lesen, einschlafen, duschen, wieder lesen, entspannen, entschleunigen und die ganze Zeit dabei von dieser grandiosen Natur umgeben zu sein.

Kein Telefon, kein Internet und kein Fernseher stört.

Ich glaube zu wissen, dass es sich für den einen oder andern Leser langweilig anhört was ich schreibe.

Wenn ja dann sollte man einen angedachten Besuch dieses Parks vielleicht noch einmal überdenken.

Es lauert nicht an jeder Ecke ein Löwe oder eine andere Großkatze. Ich glaube nur wer ohne bestimmte Erwartungen und persönlichen Vorgaben in diese Wildnis kommt, kann die Ruhe und das gelegentliche Überraschende des Parks richtig genießen.

Für uns ist es das Wichtigste „Da" zu sein, ohne jegliche Erwartung.

Ich erinnere mich an einen Satz von Yehudi Menuhin: „Das Suchen und der Weg sind wichtiger, als dass man wirklich etwas findet."

17:00 Uhr. Die Hitze lässt nach und neue Nachbarn sind angekommen.

Wir haben dem jungen Paar bei ihrem Einzug zugewunken.

Ein „Blister Beetle" (Anthia spezies) läuft durch den Vorgarten. Dieser schwarzweiße Käfer ist nicht ganz ungefährlich. Er kann Ameisensäure ungefähr 30 Zentimeter weit spritzen, die bei Augenkontakt zum Erblinden führen kann.

18:20 Uhr. Die Sonne scheint aus dem Zauberbaum heraus.

Immer länger werdende Schatten strecken sich vom Baum, von Gräsern, Büschen und Ästen, während sie selbst im goldenen Licht schimmern.

Die Landschaft hat wieder Konturen erhalten und ist durch das abendliche weiche Licht der Sonne wieder dreidimensional geworden.

Alles um uns herum erscheint friedlich und atmet auf.

19:30 Uhr trifft Franco zum Sundowner ein.

Bei einem kühlen Getränk geht die Sonne heute unspektakulär unter.

Ich versuche mich danach als Sterne Fotograf und wir genießen es wie immer auf der Terrasse zu sitzen.

Über uns liegt das Band der Milchstraße und unendliche Sterne leuchten. Es ist unglaublich beeindruckend was man hier in der Kalahari am nächtlichen Sternenhimmel zu sehen bekommt. Welch ein Unterschied zu den wenigen Sternen, die durch Smog und Lichtverschmutzung in unseren Großstädten und Ballungsgebieten sichtbar sind.

Leider kenne ich mich nicht gut genug aus um, außer dem Kreuz des Südens, andere Sternformationen ausmachen zu können.

Deshalb versuche ich lieber Sternschnuppen zu erspähen, die in großer Zahl unterwegs sind, denn Wünsche für den morgigen Tag habe ich immer genügend.

Den wunderschönen Sternenhimmel haben wir den San zufolge der Eule zu verdanken.

In der Buschmannmythologie nimmt der Mantis eine wichtige Stellung ein. Er ist ein Schelm oder Trickser, der verschiedene Formen annehmen kann, meist aber mit der Fangheuschrecke (Mantis religiosa) assoziiert wird.

Aus seinem rechten Schuh erschuf der Mantis den Mond und machte sich wieder einen neuen Schuh. Dem Mond gefiel dies gar nicht, zumal er die Schuhe, seine Gefährten, so sehr trat, wenn er mit ihnen lief.

Deswegen ließ er ständig Mondwasser auf sie fallen, damit sie nass waren und nicht angezogen werden konnten.

Der Mantis rief deshalb seine Tochter, die die Eule wurde, und befahl ihr die Schuhe neben das Feuer zu legen, um sie zu trocknen.

Damit war die Sonne höchst unzufrieden und ließ das Feuer so heftig aufflammen, dass die Schuhe verbrannten.

Als der Mantis seine verkohlten Schuhe fand, schalt er die Eule heftigst.

Darüber ärgerte sich wiederum die Eule, und sie nahm die glühenden Kohlen und Reste aus dem Feuer und warf sie hoch in die Luft. „Glühende Kohlen, werdet zu Sternen damit wir nachts Licht haben, wenn Sonne und Mond nicht scheinen" rief sie dabei.

Und auch die glühende Asche warf sie in die Luft und sagte: „Asche, werde zur Milchstraße um den Sternen leuchten zu helfen."

Ein Wirbelwind trug Kohlen und Asche daraufhin hinauf über die Wolken und sie wurden zu Sternen und dem Band der Milchstraße, das wie ein leuchtender Bogen über der Erde steht.

Als am folgenden Morgen die Sonne, nachdem sie hinter den Hügeln hervorgekommen war, dies sah und ihr die Eule erzählt hatte, dass sie hierfür verantwortlich war, sprach sie zur Eule: „Weißt du, welch großes Unheil du angerichtet hast? Nun können die Menschen sich in den Nächten herumtreiben, um Böses zu tun. Ich habe die Nacht extra so dunkel belassen, damit sie nicht einmal die Hand vor ihren Augen sehen können und sie zuhause bleiben. Aber jetzt hast du Tür und Tor für Untaten geöffnet. Ich werde alles versuchen um den Mond vom Himmel zu treiben, damit er keinen Mondschein mehr gibt und tagsüber werde ich die Sterne vom Himmel fegen.

Und du meine Schwester? Vom heutigen Tage an wirst du nur noch nachts fliegen und wenn ich dich am Tage erwische, werde ich dich wie die Schuhe zu Asche verbrennen. Gehe mir aus den Augen und bewohne die Nacht."

Da flog die Eule weg, um sich zu verstecken und darüber nachzudenken, ob sie Unrecht getan hat, als sie die Asche und Kohlen hochgehoben und

*in den Himmel geworfen hat. Immer wieder ruft sie „Ho oder Hoa, was in
der Buschmannspprache „aufheben, hochheben" bedeutet.*

*Die Sonne hat die Eule seit diesem Tage nicht wiedergesehen und sie er-
freut sich an den von ihr erschaffenen Milchstraße und den Sternen.*

*Und wie die Sonne vorhergesagt hatte, treiben sich jetzt des Nachts Löwe,
Leopard, Schakal und Hyäne zum Morden und Rauben umher, den nun haben sie genügend Licht für ihr treiben, obwohl sie von anderen oft nicht
rechtzeitig erkannt werden.*

Dazu passen die Gäste am Wasserloch, eine braune Hyäne und die zwei
ansässigen Schakale.

Weiterhin passiert nichts, obwohl Franco an diesem Abend das Licht bis
24:00 Uhr anlassen kann.

58

Tag 6 im Park
Übernachtung Urikaruus – 5.02.2019

Nach einem Kaffee bringe ich den Großteil unseres Fleischvorrats in die großen Gefriertruhen der Gemeinschaftsküche.

Somit haben wir mehr Platz in unserem „Frezzer" im Auto für dringend benötigtes Eis.

Beim Blick in die Gefriertruhe stelle ich fest, dass auch unsere Nachbarn, die gestern nach Gharagab abgereist sind, die Idee hatten ihr Fleisch hier in der großen Truhe bis zu ihrer Rückkehr zwischen zu lagern.

Die Gemeinschaftsküche mit dem großem Braaiplatz ist eine Besonderheit von Grootkolk Camp.

In der Mitte zwischen den vier Chalets gelegen, ist sie für Gruppen gedacht, die das ganze Camp mieten.

Zügig packen wir unsere Habseligkeiten zusammen, bekommen von Franco noch einen Sack Schmutzwäsche eingeladen und machen uns auf den Weg nach Urikaruus.

Bis Polentswa verläuft die Fahrt absolut ereignislos.

Das liegt natürlich auch daran, dass ich bei langen „Überführungsfahrten" auch nicht so intensiv nach Tieren suche und diesbezüglich eher unaufmerksamer bin. Auch nähern wir uns bei langen Fahrten wie diese von Grootkolk nach Urikaruus eher der erlaubten Höchstgeschwindigkeit im Park an, anstatt wie bei Gamedrives, mit bedeutend geringerer Geschwindigkeit unterwegs zu sein und dann manchmal nahezu Schrittgeschwindigkeit zu fahren.

Ich bin mir zwar sicher, dass jeder sehr viele Tiere übersieht, wenn er auch nur annähernd mit der erlaubten Geschwindigkeit von 50km/h durch den Park fährt, nehme es aber bei diesen seltenen Fahrten billigend in Kauf.

Und so kommt es auch wie es kommen musste denke ich mir als mich eine nette älteren Dame am Wasserloch in Polentswa fragt, ob wir die sechs Löwen etwa 600 Meter zuvor gesehen hätten.

Nein, haben wir leider nicht.

Also drehen wir noch einmal um um sie zu suchen.

Die Suche bleibt erfolglos, was mich in diesem Fall eigentlich nicht stört, da wir sie wahrscheinlich doch nicht übersehen haben. Sie waren möglicherweise gar nicht mehr dort.

Sechs Löwen am Straßenrand zu übersehen hätte mich auch an unserem Blick für Tiere sehr zweifeln lassen.

Weiter führt eine ereignisarme Fahrt bis nach Nossob.

Zuerst geben wir die Schmutzwäsche ab und scherzen etwas mit dem Ranger, den wir auf der Hinfahrt schon getroffen hatten.

Es folgt der obligatorische Besuch des kleinen Nossob Ladens wo wir unser gestern von Franco bestelltes, frischgebackenes Brot, Feuerholz, drei Pack Eis und große Flaschen Cola und Stoney Zero kaufen.

Während jedermann Cola kennt ist das südafrikanische Stoney Ginger Beer (ohne Alkohol) außerhalb Afrikas ein eher unbekannteres Produkt von Coca-Cola.

Stoney Ginger Beer gibt es in verschiedenen Variationen in Afrika. Die südafrikanische Version (1971 eingeführt) ist etwas süßer und Kohlensäure reicher als Stoney in Ostafrika.

Nach dem Einkauf freuen wir uns wieder auf den Poolbesuch.

Wie meistens sind wir alleine am Pool. Im Camp ist kaum Betrieb. Eine entspannte Ruhe schwebt über dem großen Camp. Es scheint das fast jeder temporärer Bewohner auf Gamedrive unterwegs ist.

Nur schwer können wir uns heute vom angenehm kühlen Pool losreißen, um nach dem Tanken das Camp zu verlassen.

Während wir volltanken lassen, bestellen wir noch ein Brot im Shop, um es bei der Rückfahrt nach Grootkolk am kommenden Freitag abzuholen.

Am Wasserloch Cheleka, das mit 55 Meter Tiefe die geringste Tiefe der Wasserlöcher im Nossob aufweist und für den menschlichen Gebrauch gutes Trinkwasser führt, bleibe ich im Sand stecken.

Ich hatte mich neben ein dort stehendes Wohnmobil gestellt, um mit dem Fahrer zu sprechen und kam nicht mehr frei, ohne kurz den 4x4 zuzuschalten und mich mit mehrmaligen vor und zurück schaukeln aus der misslichen Lage zu befreien.

Wie peinlich!

Außer den vielen bis zu 1,5 Meter hohen Akazien Büschen (Three thorn) mit ihren trompetenförmigen weißen Blüten, die gerne von Springböcken gefressen werden und fast überall im Park verbreitet sind gab es auch nichts zu sehen am Wasserloch. Auch die Insassen des Wohnmobils hatten bisher noch keine Tiersichtung zu verzeichnen.

Erst einige Kilometer später entdecken wir fünf Löffelhunde (Bat eared Foxes) im Schatten liegen, die sich allerdings von uns gestört fühlen und schnell hinter einem Gebüsch verschwinden. Tut uns sehr leid Jungs!

Ganz vorne am Dikbaardskolk Picknikplatz, den wir als nächstes erreichen, steht ein schöner Hirtenbaum (Boscia albitrunca) in dessen Schatten wir normalerweise immer gerne eine Pause einlegen.

Heute aber ist eine große Gruppe Touristen mit Reiseveranstalter und etlichen Autos am Picknick Platz zugange so das wir beschließen weiterzufahren. Ich versuche wo es nur geht größere Menschenansammlungen zu vermeiden, besonders in Nationalparks.

Aber noch ein paar Worte zum Hirtenbaum.

Nomen est omen und das in mehrfacher Hinsicht.

Der Name des Baums Hirtenbaum, im englischen Shepherd Tree, impliziert ja schon das der Schatten des Baumes gerne von Hirten und ihren Herden genutzt wird.

Sein lateinischer Name verrät, dass er einen weißen Stamm hat (albitrunca) und sein Name in afrikaans lässt schon seine Nützlichkeit erkennen: Witgat (Hergeleitet von Wit (weiß) und Gaat, wie Kaffee früher bezeichnet wurde).

Aus den Wurzeln, getrocknet und geröstet, wurde von den Buren ein Kaffeeersatz hergestellt.

Eine andere Herleitung des afrikaansen Namens ist Weißes Loch (gat = Loch) in Bezug auf die Aushöhlungen seines Stammes, die gerne als Wasserspeicher von den Buschmännern genutzt wurden.

Die zerstoßenen, zuckerhaltigen Wurzeln des Baums können aber auch als Weißmehl für Porridge verwendet werden oder dienen zur Bierherstellung.

Als Konservierungsmittel kann man damit Butter und Milch frisch halten.

Die beerenähnlichen Blütenknospen des Baumes sind essbar.

Eine Mixtur aus den Blättern des Baumes hilft bei der Behandlung von Binde-hautentzündung des Viehs, die grüne Frucht soll bei Epilepsie nützlich sein und ein Extrakt der Wurzeln bei menschlichen Hämorriden.

Die nahrhaften, Protein und Vitamin A haltigen Blätter und Zweige des Bau-mes dienen Wild und Nutztieren als Nahrung.

Wen wundert es bei dieser Aufzählung das der Hirtenbaum auch den Beina-men „Tree of Life" bekommen hat.

Wie ich schon sagte „Nomen est omen".

Der Stamm des Shepherd Tree ist oft von Termitenhügel umgeben oder zumin-dest befindet sich einer in großer Nähe, da Baum und Termiten eine symbioti-sche Beziehung verbindet.

Während die Termiten das Wurzelsystem des Baumes nutzen, um das tief lie-gende Wasser zu erreichen, stellen die Termiten fruchtbaren Boden für den Baum bereit.

Die nördliche Dünenstraße ist dieses Mal in einem hervorragenden Zustand, kein Vergleich zu November, als wir nur holpernd und hopsend zwischen den Dünen unterwegs waren.

Der Grund für den guten Zustand kommt uns nach wenigen Kilometern ent-gegen. Der Grader ist unterwegs.

Ein Grader, auch Erd- oder Straßenhobel ist eine Baumaschine zur Herstellung gerader Flächen den man überall auf den nicht asphaltierten Straßen Nami-bias und Südafrikas findet.

Gebaut wurde der erste Grader im Jahre 1876. Er ist damit einer der ältesten Maschinen im Erdbau und wurde damals noch mit Pferden gezogen.

Den ersten Grader mit Motor entwickelte dann die amerikanische Firma Rip-pel im Jahr 1921.

Die Hitze in den Dünen ist jetzt um 13:30 Uhr phänomenal.

Jedes Tier, das wir sehen steht oder liegt bewegungslos an einem Schatten-platz.

Als wir die Einmündung der Dünenstraße in den Auob erreichen, treffen wir auf sechs Sekretäre, die um das Kamaqua Wasserloch streifen.

Dann endlich treffen wir in Urikaruus ein und bekommen von Jaques Chalet 3 zugeteilt.

Da wir schon so oft hier waren erspare ich ihm mit uns zu kommen und durch die Hitze zu laufen.

In Urikaruus scheint es durch die Enge des Tals noch heißer zu sein als in Grootkolk.

Es ist unbeschreiblich und fast schon körperlich schmerzhaft.

Dahin wo die Sonne scheint, und das ist fast überall, ist barfuß laufen unmöglich.

Der in Urikaruus vorhandene Ventilator über dem Bett bringt ebenso wenig Kühlung wie die heiße Dusche.

Am Wasserloch steht ein einsamer Reiher, so seltsam das auch klingen mag, in der schattenlosen Hitze der Kalahari.

Zwei Kudu Männer kommen zum Trinken um sich danach sofort, jeder für sich, auf der Düne gegenüber unter einen Schattenbaum zurück zu ziehen,

Dreizehn Springböcke laufen wie an der Schnur gezogen zum lebensnotwendigen Nass und in ebensolcher Formation den gleichen Weg wieder zurück.

In allen anderen Chalets bricht man zum Game Drive auf. Einige vielleicht mit dem Hintergedanken die Klimaanlage im Auto zu nutzen.

Da die Klimaanlage im Auto für uns keine Option ist und wir für heute genug gefahren sind, bleibt das Auto stehen und wir auf dem Balkon sitzen.

Um 17:00 Uhr beginnen die Temperaturen ein wenig zu sinken.

Seit Ankunft in Urikaruus habe ich trotz vier Liter vertilgter Flüssigkeit weiterhin Durst.

Wer kann bei diesen Gegebenheiten nicht nachvollziehen das die Kalahari auch als Durstland bezeichnet wird?

Um 19:00 Uhr macht Jaques seine Runde und bekommt natürlich einen Sundowner.

Diese sehr nette und höfliche Mann arbeitet auch schon zehn Jahre im Park.

Leider haben wir ihn zuvor erst einmal in KK getroffen.

Von ihm erfahren wir was sich in den letzten Tagen in der Gegend ereignet hat und mit wem wir eventuell heute Nacht am Wasserloch rechnen können Charlie MacIntosh, die Legende unter den Kapfüchsen lebt noch (oder einer seiner Nachfahren wird uns als Mr. MacIntosh verkauft) und streift weiterhin umher. Auch eine Genet Katze, die leider angefüttert wurde, würde sich des Öfteren bei den Chalets sehen lassen.

Um 19:30 Uhr sind wir beim Braai (Oryx Filet) als Charlie zusammen mit einem jüngeren zweiten Tier auftaucht.

Der Richtigkeit halber muss man sagen, dass Charlie eigentlich eine Dame ist und hinter den Chalets ihren Bau hat. Das zweite Tier, das unter dem Balkon umherläuft, ist mit größter Wahrscheinlichkeit ein Nachkomme von Charlie.

Charlie muss schon uralt sein, wenn man berücksichtigt das Kapfüchse etwa zehn Jahre alt werden können.

Soweit ich mich erinnern kann hatten wir die Ehre Mr. MacIntosh 2010 das erste Mal zu treffen als er seinen Bau direkt hinter unserem Chalet hatte und tagsüber gern einmal herausschaute.

Ich höre aus der Richtung von Chalet 4 leise Geräusche und traue meinen Augen nicht als ich im Schein der Taschenlampe eine braune Hyäne graben sehe.

Was sie hier sucht wird mir nicht klar und nach einer Weile verschwindet sie auch wieder in der Nacht.

Kurz darauf höre ich wieder ein Geräusch. Diesmal aus unserer Küche.

Vorsichtig und leise stehe ich auf und gehe mit der Taschenlampe zur Tür, die wir trotz besseren Wissens wieder einmal vergessen hatten zu schließen. Zwar liegt die Küche von Urikaruus hoch über dem Boden, aber das ist kein Hindernis für das Tier das mich beim Hinausschleichen gerade am Fuß berührt hat.

Die von Jaques erwähnte Genet ist da, macht es sich jetzt erst einmal bei uns auf dem Balkon gemütlich und sitzt direkt bei Svenja unter dem Stuhl. Ihr langer Schwanz streift gelegentlich über Svenjas Beine und Füße, während das Tier zum Balkon herunterschaut und die Umgebung beobachtet.

Ein wunderschönes Tier, das mich noch mehr erfreuen würde, wenn es nicht so zutraulich wäre.

Nachdem die Genet uns verlassen hat, erscheint eine braune Hyäne am Wasserloch, der sich noch drei weitere anschließen sollten. Zwischenzeitlich lässt sich auch eine große Eagle Owl (Fleckenuhu) sehen und hören. Mit seinen Rufen beim Jagen am Wasserloch schlafen wir ein.

Tag 7 im Park
Übernachtung Urikaruus – 6.02.2019

Punkt 6:00 Uhr, der frühesten erlaubten Zeit, um das Camp im Februar zu verlassen, verabschieden wir uns von Jaques, der seine verdienten arbeitsfreien Tage antritt, und fahren nach Twee Rivieren.
Es ist angenehm kühl in diesen frühen Morgenstunden.
Schon bald nach unserem Aufbruch bemerke ich frische Geparden Spuren, die passend zu unserer Fahrtrichtung nach Süden verlaufen.
Am Wasserloch Rooibrak entdecken wir die Verursacher der Spuren beim Trinken.
Nachdem wir die beiden Tiere eine Weile beobachtet haben, fahren wir weiter und finden noch vor Montrose direkt links an der Straße eine Gruppe Erdmännchen, die zum größten Teil aus Nachwuchs besteht. Erwachsene Tiere sehen ich nur zwei während der Zeit, in der wir sie beobachten.
Zwischen Batulama und Gemsbokplein gelingt es mir dann endlich einmal wieder einen der quirligen Rotbauchwürger zu fotografieren.
Diesen schönen Vogel nannten die deutschen Kolonisten auch Reichsvogel aufgrund seiner Farbgebung (weiß, schwarz und rot), die der Flagge des deutschen Reichs entsprach
Man sieht die Tiere oft am Boden und im Gebüsch, da sich dort ihr bevorzugtes Insekten Jagdgebiet befindet.
Kurz vor Twee Rivieren kommt uns ein Rangerauto entgegen.
Ich bemerke zu Svenja das darin sicher Eric sitzt, der zu seinem Einsatz in Urikaruus gefahren wird, und sollte Recht behalten, wie wir später von Eric persönlich erfahren.
Der Einkauf im „Winkel Shop" in Twee Rivieren verläuft enttäuschender als gedacht.
Weder die großen 2 Liter Flaschen Cola oder Stoneys, noch das gesuchte Buch können wir erstehen.
Danach freuen wir uns aber erst einmal auf das Bad im hiesigen Pool, der sich von Mauern umgeben hinter dem Shop befindet.
Nach dem ausgiebigen Bad genehmigen wir uns Curry mit Reis und einem Cheesburger im einzigen Take away des Parks bevor wir zurück auf Pad gehen.

Langsam fahren wir die gleiche Strecke zurück. Es ist schon wieder abartig heiß und die Tierwelt des Parks hält sich größtenteils versteckt. Ausgenommen davon sind die beiden Geparde vom Rooibrak Wasserloch, die es sich inzwischen unter einem nahestehenden Schattenbaum bequem gemacht haben.

Da in dieser Hitze keine großen Aktivitäten zu erwarten sind und außerdem schon drei Autos den ruhenden Tieren zusehen, fahren wir weiter. In Urikaruus steht dann schon ein schwitzender Eric zur Begrüßung bereit.

Eric von Urikaruus und wir kennen uns schon als er noch in Grootkolk als Vorgänger von Franco gearbeitet hat.

Auch er hat uns beim Vorbeifahren erkannt und den mitfahrenden Rangern erzählt, dass ich gerade vorbeigefahren sei.

Es freut mich zu hören, dass ich gelegentlich Gesprächsthema bin, gibt es mir doch das Gefühl irgendwie zur Kalahari und seinen Menschen dazu zu gehören auch Jaques hatte am Vorabend erwähnt, dass von mir erzählt würde. Ich hoffe nicht nur schlechte Stories.

13:00 Uhr. Wir verbringen Zeit mit Lesen, Ausruhen und jede Menge Flüssigkeit vertilgen.

Gegen 15:00 Uhr wollen wir nach Mata Mata fahren. Eigentlich noch sehr früh für einen Game Drive, aber der Hintergedanken zu dieser Fahrt ist der Fahrtwind im Auto und ein zweites kühles Bad.

Punkt 15:00 Uhr, zuvor war ich in der Hitze und Ruhe etwas eingenickt, fahren wir auch wirklich los.

Eine halbe Stunde später, nach extrem langsamer Schleichfahrt entdecken wir einen Pygmy Falcon (Halsband-Zwergfalke). Ein Tier das ich schon lange nicht mehr gesehen habe.

Dieser kleinste Raubvogel Afrikas lebt oftmals in unbenutzten Nestern der Siedlerweberkolonien als Untermieter.

Von unserem ersten Besuch im Park bleibt mir die Beobachtung eines Pygmy Falcon unvergessen, der, als wir von Mata Mata kommend hier in der Gegend standen und beobachteten, neben unserem Auto im Geäst eine Eidechse erbeutete.

Wir scheinen heute alleine unterwegs zu sein. Kein anderes Fahrzeug begegnet uns.

Kein Wunder, sind wir bei der extremen Hitze auch viel zu früh losgefahren. Jetzt ist noch keine gute Zeit für Tierbeobachtungen. Aber der Pool von Mata Mata lockte einfach zu sehr.

Eine Gruppe Springböcke kommt uns entgegen, die sich nicht wie sonst langsam grasend, sondern zügig laufend an uns vorbei bewegen.

Dann erreichen wir den Abzweig der als Loop zum „Dertiende Boorgat" (Dreizehntes Bohrloch) führt und trauen unseren Augen nicht.

Es ist 15:45 Uhr und ich nehme den Spruch mit dem zu früh losfahren und der schlechten Zeit für Tiersichtungen demutsvoll zurück und behaupte das Gegenteil.

Es ist gerade die perfekte Zeit, um unterwegs zu sein.

Keinen Meter neben der Straße haben drei Geparde einen aus der Gruppe der an uns vorbeigezogenen Springböcke erlegt.

Die Geparde, noch total außer Atem, beginnen gerade damit das Tier auszuweiden.

Während ein Tier an der weichsten Stelle, am Bauch, mit inzwischen blutverschmiertem Kopf zu fressen begonnen hat, sitzt ein zweiter schwer atmend dahinter und der dritte im Bunde liegt ebenfalls schwer und schnell atmend einen Meter daneben.

Eine unglaubliche Sichtung. Wir haben schon öfters Geparden mit ihrer Beute angetroffen, aber so nahe ganz selten. Wir bleiben eine halbe Stunde bei diesen Tieren und können uns kaum satt sehen.

Erst als wir in der Ferne ein Auto von Süden herkommen hören, machen wir uns wieder auf den Weg. Mögen die Insassen des Wagens diese Sichtung auch alleine für sich genießen.

In Mata Mata springen wir bestens gelaunt in den Pool. Die Bilder von den Geparden sind im Kopf und erzeugen eine euphorische Stimmung.

Nirgends kann es schöner sein als hier im KTP geht es mir, nicht nur aufgrund der Sichtung, wieder einmal durch den Kopf.

Im Shop haben wir diesmal Glück beim Getränkekauf und ergattern alles was wir benötigen.

Ich glaube man bemerkt schon wie sich unsere Gedankenwelt verändert hat. Prioritäten haben sich verschoben, sich teilweise auf den Kopf gestellt und teilweise in Luft aufgelöst.

Was zählt sind essenzielle Dinge wie Getränke und Nahrung.

Wir erfreuen uns daran, wenn in einem Shop Cola vorrätig ist. Ein Bad im Pool eines der großen Camps ist ein Highlight, das eine Einhundert Kilometer lange Fahrt aufwiegt.

Die Gespräche drehen sich meist um ein Wasserloch oder um Spuren im Sand.

Mutmaßungen über Tierverhalten werden angestellt, Geräusche und Bewegungen interpretiert und in einen Kontext gesetzt.

Schon nach wenigen Tagen leben wir hier in einem anderen Kosmos.

Das Zuhause ist nicht mehr in Deutschland, wenn wir von zu Hause sprechen, meinen wir damit Urikaruus oder Grootkolk oder ein anderes Camp, in dem wir gerade wohnen.

Im Moment gibt es keine andere Welt außerhalb des Parks und wenn doch, so ist sie weiter entfernt als der Mond und eine Rückkehr dorthin unvorstellbar.

Ich denke es ist dieses Versinken in Landschaft und Gegebenheiten und die Adaption unserer Umgebung in uns selbst, die uns hier wie nirgendwo sonst zur Ruhe kommen lässt.

Heimwärts stoppen wir bei zwei Kudus und etwas später bei einer Gruppe Gnus, die wie bei einem kitschigen Postkartenbild unter einem großen Webervogelnest vor den roten Kalahari Dünen Modell stehen.

Als wir am Geparden Kill ankommen, ist dort Volksfeststimmung.

Etliche Autos stehen oder rangieren für den besseren Platz, umher.

Wir werfen einen kurzen Blick auf den Springbock, der schon fast verschwunden ist und fahren weiter.

Was die Leute wohl von uns denken. Da ist endlich einmal richtig was geboten und wir fahren einfach weiter?

Selbst wenn ich vorher nicht den exklusiven Logenplatz im ansonsten leeren Theater gehabt hätte, wäre ich weitergefahren.

Diese Ansammlungen von vielen Autos im Park ertrage ich nicht. In solchen Fällen spüre ich keine Natur mehr. Mir fehlen die Ehrfurcht und der Respekt vor der Schönheit und Einzigartigkeit einer Situation, die gerade durch das Rangieren der Autos, dieses Drängeln mit Fahrzeugen kaputt gemacht wird.

Vor zwei Jahren kamen wir einmal kurz vor Toressschluss von einem Game Drive im Süden zum Kalahari Tented Camp zurück.

Wenige Meter vor dem Abzweig zum Camp lief ein männlicher Löwe die Pad entlang.

Das Tier konnte gar nicht richtig laufen. Ständig rangierten Autos, um noch einmal ein Foto von vorne zu bekommen und noch eins und noch eins. Sie ließen eine Hektik und Unwohlsein aufkommen, das für mich das Gegenteil von Natur bedeutet.

Nur schnell vorbei an diesem Wahnsinn, aber der Weg war versperrt. Ich sah in egozentrische, rücksichtslose, total auf den Löwen fokussierte Gesichter.

Keiner würde Platz machen, solange die Chance auf ein weiteres Löwenbild bestand.

Man hätte einen Film drehen und ihn den Akteuren später einmal zeigen sollen. Ich denke nicht wenige hätten sich geschämt.

In diesem Moment zählte nur „das Bilder machen" und die große Anzahl an Konkurrenten schien alle wiederum nur anzustacheln weiter, um den besten Platz in der Reihe zu kämpfen.

Ein unwürdiges Spektakel, das ich niemals vergessen werde und mein Unwohlsein bei Autoansammlungen manifestiert hat.

Um 19:00 Uhr sind wir wieder zuhause und ich befeuere den Grill. Eine halbe Stunde später schaut Eric vorbei und freut sich über die Flasche Sekt, die wir ihm etwas verspätet zum Geburtstag schenken.

Diesmal wird er sie gleich nach seinem Dienst zuhause in Twee Rivieren mit seiner Frau trinken. Als wir ihm 2015 zum Geburtstag eine Flasche schenkten hatte er sie solange aufgehoben, bis sie leider ungenießbar war, erinnert er sich.

Wir erzählen beim Sundowner Storys von früher und haben viel zu lachen.

Nachdem Eric weg ist und wir am Tisch auf dem unteren Balkon sitzen erscheint die Genet wieder. Da wir im Dunkeln sitzen, bemerken wir sie erst nachdem sie Svenja am Bein gestupst hat.

Sie bleibt eine Weile und spielt mit meiner heruntergefallenen Stirnlampe.

Die Nacht am Wasserloch bleibt zunächst sehr ruhig.

Charlie patrouilliert in seinem Jagdrevier und sehr spät kommt die Eule zum Jagen.

Kurz nach Mitternacht, als ich mich mal wieder vom Bett aufsetzte und aus dem Fenster sehe, bemerke ich ein kleineres Tier zum Wasserloch kommen.

Ich brauche einen Moment bis ich das Fernglas angesetzt habe und draußen auf dem oberen Balkon stehe.

Es ist eine Schwarzfußkatze. Was für eine Sichtung! Meine erste Schwarzfuß-katze.

Ganz vorsichtig kommt sie zum Wasserloch und trinkt.

Plötzlich greift einer von Charlies Nachkommen die Katze an.

Ich höre es fauchen, bellen und quietschen.

Sand und Wasser spritzt auf und alle sind verschwunden.

Whow!

Mit einer Schwarzfußkatze sollte man sich nicht anlegen.

Die kleinste und seltenste Katze Afrikas ist sehr scheu. Aber angegriffen oder in die Enge gedrängt verteidigt sie sich entschlossen.

Aufgrund dieser Verteidigungsbereitschaft und ihres Mutes wird sie in Teilen Südafrikas auch als „Anthill Tiger (Ameisenhügeltiger) bezeichnet.

Von großem Respekt in Bezug auf den Mut der Katze zeugen auch die Fabeln der San die erzählen das sie auch den Hals eine Giraffe anspringt, um ihn durchzubeißen.

Einen Funken Wahrheit beinhalten diese Fabeln schon. So gehören doch zu den Beutetieren der Schwarzfußkatze größere Tiere als sie selbst wie Gackeltrappen und Kaphasen.

Es ist jetzt 00:30 Uhr und es dauert eine Zeit bis ich einschlafe, glücklich diese seltene Katze mit den wunderschönen großen schwarzen Flecken auf dem Fell gesehen zu haben.

Tag 8 im Park
Übernachtung Urikaruus – 7.02.2019

Punkt 6:00 Uhr sind wir wieder unterwegs.

Schon kurz nachdem wir den Auob Richtung Norden überquert haben, entdecken wir eine braune Hyäne im Flussbett.

Es ist noch etwas dunkel für gute Fotos und sie läuft gegen unsere Richtung so dass wir bald wieder weiterfahren.

Am Geparden Riss von Gestern findet sich außer etwas Darminhalt kein Anzeichen des Springbocks mehr. Es müssen nachtaktive Tiere am Werk gewesen sein die ihren Hunger gestillt haben, wobei das Fehlen aller Knochen auf Hyänen schließen lässt.

Spuren finde ich allerdings keine.

Wir fahren in den Bohrloch 13 Loop und entdecken nichts.

Der Loop zu Bohrloch 14 ist erfolgreicher. Direkt am Wasser liegen drei Löwen, die müde zu uns herüber blinzeln und weiterschlafen.

Zwei Kurven weiter Richtung Norden, noch im Loop, läuft direkt rechts neben der Straße eine weitere Braune Hyäne.

Wir bleiben stehen und lassen sie im ihr passenden Abstand die Straße ins Flussbett überqueren.

Der Plan ist, wenn ihr Sicherheitsabstand groß genug ist, zu überholen und zu fotografieren.

Leider kommt uns aber ein Auto entgegen das hektisch rückwärtsfährt, als die Hyäne an ihm vorbeigelaufen ist und dabei die ganze Straße braucht.

Als es einmal kurz stehen bleibt, fahren wir vorsichtig an ihm vorbei und begeben uns ein großes Stück weit vor die immer noch im Flussbett laufenden Hyäne, um sie nicht zu bedrängen. Dann machen wir den Motor aus.

Wenn sie sich nicht bedrängt und bedroht sieht, wird sie nun in einem ihr passenden Abstand bei uns vorbeikommen, wie wir aus vielen Erfahrungen wissen.

Wir haben aber die Rechnung ohne den Fahrer des anderen Autos gemacht.

Der hat inzwischen gewendet und fährt direkt auf einer Höhe neben dem Tier her.

Der Hyäne wird es zu viel und sie verschwindet rennend in den Dünen.

Es hilft nicht sich zu ärgern über soviel Ignoranz und fehlendes Einfühlungs-vermögen den Tieren gegenüber. Man kann nur den Kopf schütteln und wei-terfahren.

Alleine stehen wir dann eine längere Zeit am Wasserloch Sitzas und erfreuen uns an den zehn Giraffen zu denen sich, mit wiegendem Schritt von den Dü-nen herunterkommend, immer mehr gesellen.

Als wir danach das Flussbett kurz vor Mata Mata durchfahren beobachte ich gerade einen Schakal in der Nähe, als ein Auto neben uns anhält und wir sehr freundlich vom Fahrer begrüßt und nach unserem Befinden gefragt werden.

Ich erkenne den Fahrer nicht gleich da ich so verdutzt bin und frage ob er auch zum Gamedrive unterwegs ist.

Lachend entgegnet er, dass er natürlich zum Arbeiten ins Tented Camp fährt.

Erst jetzt steige ich vom Schlauch, auf dem ich stand und erkenne den Camp Assistent des KTC.

Wir lachen beide.

Ob wir auch wieder ins KTC kommen fragt er, was ich bejahen kann. Dann verabschiedet er sich und fährt weiter.

Wie konnte ich ihn nur nicht erkennen. Das tut mir jetzt doch schon leid und ist mir auch etwas peinlich. Wir sind meist die letzte Nacht, bevor wir den Park verlassen im Kalahri Tented Camp (KTC) und oft hatten wir auch schon einen Sundowner und lange Gespräche zusammen. Ich hoffe er nimmt mir meine Unachtsamkeit nicht übel.

In Mata Mata bleiben wir heute wieder lange am Pool nachdem wir uns kalte Getränke aus dem Shop geholt hatten.

Bisher haben wir auf dem Baum vor dem Shop in Mata Mata die Südbüsche-leule (Southern White faced Scops Owl) noch kein einziges Mal gesehen. In den letzten Jahren war sie immer präsent gewesen, jetzt vermissen wir sie.

Während ich das gerade aufschreibe wird mir bewusst, dass mir die deut-schen Namen der Tiere oft nicht geläufig sind und ich immer wieder nach-schauen muss. Eigentlich aber auch logisch da wir im Park in einer englisch-sprachigen Welt leben.

Mata Mata war unser erstes Camp, auf dem wir mit dem Zelt übernachtet haben.

Damals gab es noch den kleineren Hide in dessen Nähe wir zwischen Borstenhörnchen Löchern unter einem Baum gezeltet hatten.

Ich gehe gerne ab und an vom Pool hinunter zu dem Platz und werde dann
auch schon mal gewaltig nostalgisch, wenn sich das Kopfkino einschaltet.

Das Camp ist nun durch die neuen Riverchalets und den Abriss und Neubau
anderer Unterkünfte viel größer geworden.

In meinen Augen hat das Camp etwas von seiner Gemütlichkeit verloren, aber
das sagen doch wohl alle, die etwas von früher kennen und sich an die Neue-
rungen gewöhnen müssen.

Jammern auf höchstem Niveau sagt meine Frau dann immer, obwohl ich es
nicht als Jammern empfinde, sondern mich eher als unverbesserlichen Nostalgiker sehe.

Nachdem wir um 11:00 Uhr zurückfahren, finden wir anscheinend alle Autos
des Auob Tals an einer Stelle.

Am Wasserloch Veertiende Boorgat (Bohrloch 14) liegen und dösen die Löwen noch immer im Schutz unzähliger Autos, die sich um sie herum aufgestellt haben.

Am Dertiende Boorgat trinkt eine Riesentrappe und kühlt ihre Füße im Wasser.

Wir bleiben stehen und leisten ihr eine Zeit lang Gesellschaft.

*Riesentrappen gehören zu den größten flugfähigen Vögeln der Welt und kön-
nen bei einer Höhe von circa 1,3 Metern bis zu 19 Kilogramm schwer werden.*

*Die Flügelspannweite reicht bis 275 Zentimeter und die Lebenserwartung der
Vögel liegt bei etwa dreißig Jahren.*

*Normalerweise laufen Kori Trappen wie die Riesentrappe auch genannt wird
lieber davon als das sie fliegen.*

Wenn sie allerdings abheben ist dies ein beeindruckendes Schauspiel.

*Die Riesentrappen fressen neben pflanzlicher (Samen und Beeren) auch tieri-
sche Nahrung von Insekten über Schlangen, Jungvögel, Reptilien bis hin zu
kleineren Säugetieren.*

*Beeindruckend sind die Hähne in der Balz, wenn sie stolz, mit aufgeplustertem
Hals, daher schreiten. Dann zeigen sich diese Vögel in ihrer ganzen Pracht, die
alleine schon durch ihre Größe imposante Tiere sind.*

Obwohl die Riesentrappe weit verbreitet ist, nehmen ihre Bestände durch Lebensraumzerstörung, Jagd und Kollisionen mit Stromleitungen stetig ab. 2013 wurde sie deshalb als potenziell gefährdet eingestuft, auch wenn sie hier im Park in scheinbar großer Zahl vorzukommen scheint.

Um 12:15 Uhr sind wir zurück in Urikaruus und nehmen einen Brunch in Form von Brot aus Nossob, Eiern, Salami, Margarine, Cheddar Käse, Frischkäse, Erdbeermarmelade und Peanut Butter zu uns. Dazu gibt es Kaffee bzw. Schwarztee mit Milch.

Das Wasserloch ist verwaist und es ist brütend heiß.

Um 13:00 Uhr gehe ich nach oben ins Schlafzimmer und beginne zu lesen, schlafe aber relativ schnell ein.

Um 16:00 Uhr ist Abfahrt zum Gamedrive.

Wir wollen nicht weit fahren und uns einfach nur wie früher an einem Wasserloch stellen. Dort angekommen dann ein kühles Getränk zu uns nehmen und der Dinge harren, die da kommen.

Da am Bohrloch 14 möglicherweise noch die Löwen herumliegen und deshalb mit viel Publikumsverkehr zu rechnen ist, fahren wir wieder zum Bohrloch 13. Hier kann man wunderbar im Schatten eines nahen Baumes am Wasserloch stehen.

Am Wasserloch sind nur ein großer Schwarm Sperlinge und zwei Kapkrähen, auch Kapraben genannt, zu sehen.

Die Sperlinge erscheinen etwas aufgeregt und fliegen ständig zwischen Wasserloch und einem nahestehendem Baum hin und her.

Dabei ist das Rauschen der Flügel im Schwarm zu hören.

Immer wieder hin und her bis sie sich endlich beruhigt haben.

Wir haben es uns inzwischen gemütlich gemacht, die Getränke geöffnet und Chili Bites (luftgetrocknetes Fleisch mit Chili) ausgepackt.

Die Chili Bites erwecken sofort das Interesse der Raben, die sich zur näheren Inspektion auf den Scheibenwischern niederlassen und interessiert ins Auto schauen.

Einer von Ihnen hüpft auf den linken Außenspiegel und steckt frech den Schnabel durch die inzwischen nur noch leicht geöffnete Scheibe.

Zum Glück hatte ich sie schon bei der Ankunft der Raben auf dem Auto hochgefahren, da wir ahnen konnten was passieren würde.

Wir werden intensiv beäugt. Den beiden schwarzen Vögeln entgeht keine auch noch so kleine Bewegung.

Die dazu ausgestoßenen Geräusche und Gegurgel der Tiere amüsieren uns köstlich. Es dauert eine Weile bis die Raben merken das hier und heute nichts zu holen ist und wir ihr Interesse verlieren.

Inzwischen ist ein Schakal zum Trinken gekommen.

Er schlappert lange das lebensnotwendigen Wasser, bis er etwas unschlüssig von dannen trabt. Nicht weit entfernt ruft er dreimal um danach zügig zu Verschwinden.

Weiterhin passiert nichts am Wasserloch.

Trotzdem ist es schön alleine hier in der Natur zu stehen.

Die Löwen am Bohrloch 14 halten den Verkehr aus dem Norden auf und die restlichen Urikaruus Bewohner scheinen die Pad nach Süden gewählt zu haben.

Deshalb sind wir alleine in der Stille, die nur von Vogelgezwitscher unterbrochen wird.

Die Vögel zu hören, die Umgebung zu fühlen, die Kalahari zu riechen und einfach nur dazu sein ist ein Geschenk in unserer immer hektisch werdenden Welt.

Das Besondere an solchen Momenten ist das bewusste Innehalten in einer von künstlichen Reizen freien Natur.

Wir knabbern an den Chili Bites und trinken gelegentlich einen Schluck. Ansonsten hängen wir unseren Gedanken nach und schauen.

Auf dem Weg hierher hatte es ein paar Tropfen Regen gegeben und es ist nicht mehr ganz so heiß.

Den Regen in der Kalahari kann man riechen.

Schon bevor man die Regentropfen sieht, riecht man den Regen mit seinem ganz intensiven, speziellen Geruch.

Obwohl doch so fast nichts passiert vergeht die Zeit wie im Flug und entspannt fahren wir zurück.

Auf der Heimfahrt entdecken wir im Gebüsch noch einen jungen Kapfuchs der es sich in einer kleinen selbst gegrabenen Mulde gemütlich gemacht hat.

Wir bleiben bei dem kleinen müden Gesellen, der mehrmals kräftig gähnen muss, eine Weile stehen.

Als ein von Urikaruus kommendes Auto uns passiert, wendet, neben uns anhält und fragt was es da zu sehen gäbe, zeigen wir den Insassen den Kapfuchs und fahren davon.

Um 19:20 Uhr bin ich beim Anfeuern auf dem Balkon als Eric zum Sunndowner kommt. Er ist in Erzähllaune.

Wir sprechen über seine Familie und seine Zukunftspläne und er erzählt einige Anekdoten aus seinem Familienleben.

Es ist immer wieder schön sich mit Eric zu unterhalten.

Leider ruft ihn schon bald wieder die Pflicht. Es wäre schön ihn einmal in Zukunft außerhalb der Arbeit bei einem gemütlichen Braai in einem anderen Umfeld zu treffen, aber was noch nicht ist, kann ja noch werden.

Die Eule kommt heute sehr früh und gelegentlich taucht Charlie am Wasserloch auf.

Wir essen Oryx Steaks mit getoastetem Brot.

Da wir morgen wieder einen langen Weg zurück nach Grootkolk haben gehen wir früher schlafen.

Irgendwann in der Nacht taucht wieder einmal eine braune Hyäne auf.

Der von Eric, wie jedes Mal, versprochene Leopard bleibt dagegen, wie jedes Mal, unsichtbar.

Bei unserem Leopardenglück eigentlich selbstverständlich

Tag 9 im Park
Übernachtung Grootkolk – 8.02.2019

Wir verlassen Urikaruus zwei Minuten vor 6:00 Uhr.

Vorher haben wir 3 große 5 Liter Kanister gutes Urikaruus Wasser für Isak in Grootkolk eingeladen und uns von Eric verabschiedet.

Das Ausfüllen des Laufzettels (Paperwork) hatte Eric schon am gestrigen Abend beim Sundowner erledigt.

Wasser aus Urikaruus gilt unter den Rangern in den Wildernescamps als das Beste im Park, gefolgt von KK.

Das zweitschlechteste Wasser im Park findet man in Grootkolk und Gharagab Wasser ist ungenießbar.

Wir sind noch müde als wir durch die Dünen Richtung Nossobtal fahren.

Müde und voll konzentriert auf den Schakal weit entfernt übersehe ich direkt am rechten Straßenrand die beiden großen Geparde am Morevet Wasserloch.

Zum Glück hat Svenja aufgepasst, auch wenn ihr Ruf „Stopp, Stopp Leopard" nicht ganz korrekt war.

Da war wieder einmal der Wunsch Vater des Gedankens und der temporären Aufregung geschuldet.

Die Geparde schreiten im frühen goldenen Morgenlicht langsam die Dünen empor, allerdings nicht ohne sich mehrmals umzudrehen.

Wir werden dabei bewusst keines Blickes gewürdigt, haben wir die Beiden doch beim Ausruhen am Wegesrand gestört.

Ohne weitere nennenswerte Ereignisse erreichen wir das Nossobtal und verweilen heute kurz am Dikbaardskolk Picnic Site, da kein anderes Auto stört.

Manchmal haben wir hier schon eine Fuchsmanguste nach dem Aussteigen gesehen.

Fuchsmangusten leben manchmal gemeinsam mit Erdmännchen in ihren Bauen und man sollte sehr aufmerksam sein bei diesen Tieren, gerade wenn sie sehr zutraulich sind.

Die tagaktive Fuchsmanguste ist in Südafrika der häufigste Überträger der Tollwut. Ein Grund mehr diese Tiere, die man auch immer wieder in Nossob auf dem Campingplatz findet, nicht zu füttern oder ihnen zu nahe zu kommen.

Heute brauchen wir uns darüber keine Gedanken zu machen da sich das kleine Raubtier nicht zeigt.

Die Pad nach Norden ist in tollem Zustand. Wir haben wieder Glück, dass der Grater gerade vor uns unterwegs ist wie wir später feststellen.

Fünf Löffelhunde laufen im Eiltempo über die Straße ins Flussbett.

Da es ungefähr die gleiche Stelle ist wie bei der Sichtung auf der Hinfahrt, nehme ich an das es die gleichen Tiere wie vor drei Tagen waren.

Löffelhunde haben wir früher sehr oft gesehen. In den letzten Jahren waren sie dagegen fast wie vom Erdboden verschwunden.

Diese Einschätzung unsererseits wird auch von den Rangern, mit denen wir darüber sprachen, geteilt.

Was die Ursache für das temporäre Verschwinden der Tiere war konnte ich nicht herausfinden. Zum Glück entdecken wir dieses Mal wieder einige dieser quirligen Tiere.

Das auffälligste Merkmal des Löffelhundes oder auch Löffelfuchses sind seine großen Ohren, die anders als vielleicht gedacht nicht nur die Funktion des Hörens optimieren sollen, sondern auch zur Wärmeabgabe dienen.

Nur der Fennek in Nordafrika hat im Verhältnis zu seiner Körpergröße größere Ohren, die auch ihm zur Wärmeregulierung dienen.

Der Löffelhund unterscheidet sich von den anderen Hunden in seiner Ernährung, da sie hauptsächlich (90%) aus Termiten und zu 10% aus anderen Insekten bis hin zu Eidechsen und kleinen Vögeln besteht

Bei der Auswahl der Termitenart macht er nicht gerne Kompromisse. Wo es Erntetermiten (Gattung Hodotermitidae) gibt rührt er anderes nicht an.

Die Termiten bestimmen auch den Aktionsradius eines Löffelhund Rudels.

Je mehr Termitenbauten vorhanden sind umso kleiner ist sein Aktionsraum, der von 0,3 bis 3,5 Quadratkilometer reichen kann.

Auch die Löffelhund Aktivität ist stark mit der Aktivität der Termiten verknüpft und so kann man die Tiere sowohl am Tage als auch nachts auf Futtersuche antreffen.

Löffelhunde sind in einem Rudel von zwei bis fünfzehn Tieren unterwegs und leben monogam.

Ihre Feinde sind alle größeren Raubtiere sowie Kampfadler und Pythons.

Krankheiten, denen sie zum Opfer fallen können sind Hundekrankheiten wie Tollwut, Staupe und Parvovirose.

Vielleicht war der zeitweilige Rückgang der Population in den letzten Jahren einer oder mehreren dieser Krankheiten geschuldet.

Ein paar Kilometer vor dem Abzweig, der zum Wasserloch Marie se Gat führt, überholen wir den Grader. Dann biegen wir in den Loop zum Wasserloch ab.

Als wir vor mehr als einem Jahrzehnt noch oft mit dem Zelt in Nossob campten, war dieser Loop unser Lieblingsplatz in der Gegend.

Unsere erste Braune Hyäne haben wir hier gesehen, Löffelhundfamilien haben neben dem Auto gespielt und Löwenrudel am Wasserloch getrunken.

Manchmal war die Pad fast gar nicht zu sehen, da das Wasser zu hoch stand, und oft war es wunderschön grün und blühte überall.

Heute ist alles ausgetrocknet und ausgedorrt. Frische Gräser sucht man vergebens, größere Tiere auch.

Wir sind alleine im Loop und am Wasserloch erwartet uns ein Bild des Schreckens.

Eine abgemagerte, von Parasiten bedeckte Löwin liegt dort alleine und wartet auf den Tod.

Wir können nicht stehen bleiben, zu sehr berührt uns das Leiden dieses Tieres.

Ich weiß das es Natur ist und alles seine Richtigkeit hat, aber wir müssen einfach weiter.

Als wir aus dem Loop herauskommen ist der Straßenhobel gerade wieder vor uns die Pad heruntergekommen und wir überholen ihn nochmals als er uns vorbei winkt.

Dann erreichen wir Nossob und wir tun was wir tun müssen:

Einkaufen im Shop, Einchecken für Grootkolk, Tanken, Toilette aufsuchen und am Schluss das Bad im Pool.

Es ist wieder absolut ruhig und leer im Camp.

Wir waren oft als Camper hier, standen unter den großen Bäumen in der Nähe der „Ablution Blocks" (Waschräume und Toiletten) und hatten fantastische Gewitter, die uns aus dem Dachzelt ins Auto flüchten ließen.

In manchen Nächten brüllte das Nossob Löwen Rudel die ganze Nacht lautstark um das Camp herum. Anderntags fanden wir sie unter den Brettern des Hide, wo sie sich vor der Sonne schützten.

Unzählige Abdimstörche stolzierten am Wasserloch und im Flussbett umher und bevölkerten den Baum am Hide, wenn sie nicht gerade über dem Camp kreisten.

Im Shop gab es nur ein Bruchteil des jetzigen Angebots und der Hide lag genau zwischen der Pad von Süden nach Norden.

Es war extrem ruhig damals, wobei es am heutigen Tag nicht wirklich anders ist.

Eine absolute Ruhe hat sich über das Camp gesenkt, während ich im Pool, mit meinem schützenden Hut, vor mich hindümple und dem Treiben der Schmetterlinge und Libellen zusehe.

Einmal wohnten wir auch dem Treffen der Investoren für die Lodges auf botswanischem Gebiet bei. Sie hatten ein Chalet direkt neben uns hier in Nossob gemietet, da es auf Botswana Seite ja keine Möglichkeit zum Treffen gab.

Zum Glück wurden bisher von den damals geplanten Lodges bei Unions End, Marie se Gat, Polentswa und Roiputs nur die beiden letzteren gebaut.

Wir machen uns auf und nehmen die 105 Kilometer bis hinauf nach Grootkolk unter die Räder.

Die Fahrt verläuft absolut ereignislos. Ein kurzer, schwacher Regenschauer von wenigen Minuten bleibt das Highlight.

Im Loop, beim alten Hyänenbau ist totenstille, nur die Hitze steht über der Ebene.

Einen Versuch werden wir in den nächsten Tagen wohl noch unternehmen hier doch noch Leben zu finden.

Um 14:30 Uhr erreichen wir Grootkolk und sind endlich wieder zuhause.

Wir laden das Wasser von Urikaruus bei Isak aus.

Nachdem wir ihn von Eric in Urikaruus anfragen ließen, ob er etwas aus dem Shop in Nossob bräuchte liefern wir nun seine Bestellung von Chips und Cola aus.

Dann fahren wir zum Chalet 1 und begrüßen auch gleich unsere schon bekannten südafrikanischen Nachbarn in Chalet 2, die wieder aus Gharagab zurück sind.

Das Auspacken dauert lange da wir sieben Tage bleiben werden.

Die Materialverluste aufgrund der langen Fahrt sind glücklicherweise überschaubar. Einzig der Beutel Namaqua Wein aus Twee Riviren hat die holprige Fahrt aufgrund der katastrophalen Pad ab Polentswa bis nach Lijersdraai nicht überstanden.

Einen Teil des Fleischs muss ich in die Gefriertruhe der Gemeinschaftsküche bringen, da wir sehr viel Eis in Nossob eingekauft haben.

Dafür reicht selbst die schöne große Kühl/ Gefrierkombination in Chalet 1 nicht aus.

Unsere Vogeltränken sind während unserer Abwesenheit aufgehübscht worden. Sie haben jetzt kleine Zweige zum Ansitz für die Vögel bekommen. Auf diese Idee hätte ich eigentlich auch selbst kommen können.

Weiße Wolken ziehen am blauen Himmel.

In Grootkolk ist es wieder brutal heiß.

Um 15:00 Uhr ist alles verstaut und aufgebaut, mein Tagebuch auf dem neuesten Stand, zwei Gläser Cola getrunken und ich lege ich mich etwas hin.

Um 16:20 Uhr wird es dunkel. Schwarze Wolken bedecken den Himmel und ein Sandsturm peitscht über die Ebene.

Es riecht nach Regen, dann fallen auch schon die ersten Tropfen und kurz darauf regnet es wie aus Kübeln.

17:15 Uhr hat sich der Sturm gelegt und der Regen ist vorbei.

Isak kommt vorbei und fragt kurz ob alles in Ordnung ist.

Es gibt nur noch ab und an einen Regentropfen und ein moderater Wind unter dicken, nicht mehr ganz so bedrohlichen, mächtigen Wolken, weht durch das Camp.

Ich halte ein kurzes Schwätzchen mit dem südafrikanischen Nachbarn.

Der Weg zurück von Gharagab war schwierig, aber mit 1.1 bar Reifendruck machbar.

Durchgerüttelt wird man aber natürlich immer beim Ritt über die Dünen.

Gesehen haben sie so gut wie nichts in Gharagab. Wir sind uns aber einig das die Schönheit der Landschaft Grund genug ist um dorthin zu fahren.

Mit dem Auto ist es eine Fahrt von Stunden und vielen Kilometer.

Zu Fuß wäre man, könnte man direkt hinlaufen, nach nur 8 Kilometer in Gharagab hat uns Franco einmal erzählt.

Die Luft ist angenehm abgekühlt und frischer.

Es riecht nach nasser Erde und den Blumen, Gräsern und Bäumen der Kalahari.

Ein junger Kalahari Fliegenschnäpper, dick aufgeplustert, lässt sich auf dem Vorzelt nieder.

Die Borstenhörnchen, die der Sturm durch die Gegend jagte, sind komplett in ihren Erdlöchern verschwunden.

Überhaupt ist so gut wie kein Tier zu sehen.

Ab und an donnert es, aber der Donner entfernt sich.

Noch einmal fängt es leicht zu regnen an und hinter dem Chalet spannt sich ein großer kräftiger Regenbogen.

Der Nachbar und ich stehen zusammen und dokumentieren den Regenbogen mit unseren Kameras.

Nachdem ich dann den Grill mit dem Besen vom Regenwasser befreit habe, steht einem Braai nichts mehr im Wege.

Es gibt Oryx Steak mit Chakalaka Gemüse und getoastetes Brot.

Die Herkunft von Chakalaka ist nicht geklärt. Aber so wie wir es heute auf dem Teller haben scheint es erst in ab den 1950iger Jahren in den Townships Johannisburgs entstanden zu sein. Chakalaka gibt es als milde, scharfe und extra scharfe Version.

Wir essen sehr gerne scharf, aber diese extra scharf Version ist es wirklich!

Obwohl es noch hell ist schaltet Isak das Licht am Wasserloch an und knipst es auch schon vor 22:00 Uhr wieder aus.

Nur ein paar Eulen und ein einsamer Schakal schauen während dieser Zeit vorbei.

Auch die restliche Nacht bleibt absolut ruhig.

Das ist sicherlich dem Regen am Nachmittag geschuldet, der kurzzeitig genügend temporäre Wasserstellen entstehen ließ.

Tag 10 im Park
Übernachtung Grootkolk – 9.02.2019

Am frühen Morgen gibt es kein Licht im Chalet und der Kühl/Gefrierschrank funktioniert nicht.

Ich informiere Isak, der etwas von „seit 4:00 Uhr kaputt" sagt und dass er jemanden in Nossob informiert hätte.

Nach dem Frühstück, das wir aufgrund einiger kurzen Regengüsse mehrmals unterbrechen verabschieden wir uns von den netten Nachbarn aus Natal, die heute abreisen, und fahren Richtung Unions End.

Nach etwa acht Kilometer brechen wir ab und kehren zum Camp zurück.

Das Licht ist zu schlecht für gute Fotos und dunkle Wolken hängen über uns.

Lieber verbringen wir den Tag gemütlich beim Lesen zuhause.

Ein Gnu, das am Wasserloch trinkt und ein Oryx das trinken will, aber immer wieder zurückschreckt und das Weite sucht, sind die vierbeinigen Besucher am Wasserloch bisher. Die jagenden Falken, die uns mit einem Luftkampf unter sich dreien ein kleines Highlight bescheren, sowie ihre Beute die Tauben, sind die zweibeinigen Besucher.

Um 13:00 Uhr wird es extrem schwül und die Sonne erscheint zwischen dicken Wolken.

Zwei Borstenhörnchen kommen zum Betteln.

Noch ist kein neuer Nachbar eingetroffen und wir sind alleine im Camp.

Am 11. und 12.3.1908 sah das ganz anders aus, da sich damals 27 Offiziere, 373 deutsche Reiter, 129 Afrikaner und 710 Kamele, 2 Pferde, 5 Maultiere und 11 Reitochsen in Grootkolk befunden haben sollen, wie Wulf Haacke in einem Artikel schreibt.

Damals traf sich in Geinab, dem heutigen Grootkolk (Geinab entspricht Grootkolk in der Sprache der Nama) das deutsche Expeditionskorps um gegen Simon Kopper, den letzten Aufständischen der Hottentotten (Nama), vorzugehen.

Simon Kopper, „Kaptein" der Franzmann Hottentotten war der letzte Aufstandsführer der, nach erfolglos gebliebenen Verhandlungsversuchen durch Major Pierer, weiterhin aus dem Deutsch-Englischen Grenzgebiet heraus, durch Überfälle und Beutezüge für Unruhe bei der Bevölkerung sorgte.

Die Leitung der Schutztruppe in Windhoek war sich bewusst, dass nur ein Ende der Aktivitäten Koppers einen stabilen und andauernden Frieden garantieren würden.

Deshalb beschloss man im Frühjahr 1907 einen Feldzug gegen Simon Kopper.

Dieses Unternehmen wurde Hauptmann von Erckert übertragen, einem Offizier, der sich schon bei anderen Operationen bewährt hatte.

Erckert ging die Operation mit gewohnter Gründlichkeit an.

Er widmete zunächst sein größtes Augenmerk den Kamelen, dem für eine Expedition in die Kalahari bestens geeignetem Transportmittel.

Gleich nach seiner Ernennung zum Kommandeur der Schutztruppe hatte Oberstleutmant von Estorff durch Hagenbeck im Sudan Kamele beschaffen lassen.

Da es sich aber um Lastkamele handelte, mussten zunächst die geeignetsten für das Reiten abgerichtet werden, ein Unternehmen das sehr viel Zeit kostete und extrem mühsam war, da die Tiere sehr störrisch und eigenwillig waren.

Eckert ließ die abgerichteten Kamele anschließend systematisch für diese strapaziöse Expedition trainieren, auch indem man sie an das Fressen der bitteren Tsamma Melonen gewöhnte.

Auch die für dieses Unternehmen speziell ausgewählte Soldaten wurden acht Monate lang intensiv nur für diese eine Operation ausgebildet.

Niemals zuvor war eine militärische Unternehmung in der Kolonie so akribisch vorbereitet worden wie der Zug des Hauptmannes von Erckert.

Selbst den bitteren Geschmack der Tsamma Melonen versuchte man für den deutschen Gaumen schmackhafter zu machen indem man Dr. Oetkers Brausepulver (Geschmacksrichtung Orange) und Kalimpermanganat dazu mischte.

Auch der Zeitpunkt des Angriffs wurde von Erckert genauestens gewählt.

Im März war die Regenzeit vorüber, die alten Tsamma Melonen geschrumpft, die neuen hingegen noch nicht reif.

Dieser Umstand schränkte die Aufenthaltsorte der Aufständischen sehr ein und man konnte gezielt am unteren Nossob, wo sich eine große Ansammlung von Tsamma Melonen befand, und an einigen Vleys, in denen sich zu dieser Zeit Wasser sammeln konnte, suchen.

Außerdem nahm ab Mitte März der Mond wieder zu, was wichtig war für die Spurensuche, da wegen der Hitze und der Staubentwicklung der Expedition nur nachts marschiert werden konnte.

Um 20:00 Uhr am 12.3.1908 setzte sich die Truppe in Bewegung und verließ Grootkolk. Zuvor wurde noch eine Heliographenstation (zur Nachrichtenübertragung mittels Sonnenstrahlen) aufgebaut.

Zurück blieben weiterhin ein Wasserdepot sowie Verpflegung.

Nach einem ersten kleinen Schusswechsel mit Kopper Kundschafter am 15.3.1908 fand das Gefecht am 16.3.1908 statt bei dem Erckert als einer der ersten fiel. Das Gefecht befand sich auf damaligem englischem Gebiet, dessen Grenze von Erckert unerlaubterweise überschritten hatte. Heute liegt das Gefechtsfeld in Botswana.

Der Reiseveranstalter Carsten Möhle (Bwana Tucke Tucke) hat bereits mehrere Expeditionen zwischen 2011 und 2018 unternommen, um den genauen Ort des Gefechtes zu finden. Seine Erkenntnisse diesbezüglich sind für Interessierte auf seiner Internetpräsenz nachzulesen.

Mit diesem Gefecht endeten die kriegerischen Auseinandersetzungen im damaligen Deutsch Südwest Afrika.

Die illegale Grenzüberschreitung der Deutschen Schutztruppe, für die sich Gouverneur von Schuckmann beim britischen Hochkommissar für Südafrika Lord Selborne entschuldigte, wurde von der britischen Regierung erstaunlich maßvoll aufgenommen.

Simon Kopper und der Rest seiner Leute stellten sich den englischen Behörden und bekamen Asyl.

Vertraglich verpflichten musste er sich den zugewiesenen Wohnort südlich von Lokwabe nicht ohne Erlaubnis der englischen Behörden zu verlassen und die Feindseligkeiten gegenüber den Deutschen einzustellen.

Als Gegenleistung erhielt er eine Rente bis zu seinem Tod am 31.1.1913.

Für die dadurch entstandenen Kosten hatte die deutsche Reichsregierung aufzukommen.

Svenja bereitet das Essen zu. Heute gibt es Nudeln und Chili con Carne.

Um 13:30 Uhr kommen fast zur gleichen Zeit alle anderen Bewohner.

Wir haben wieder Glück und ein nettes gleichaltriges Paar aus Kapstadt zieht in Chalet 2 ein.

Sie sind, wie so viele andere in diesen Tagen, enttäuscht von der tierlosigkeit entlang des Weges…

Um 16:00 Uhr gehen wir auf Game Drive Richtung Norden.

Neun Spießböcke bei Geinab, ein paar Strauße, zwei einzelne Springböcke und ein Gnu entdecken wir auf der Fahrt bis nach Unions End, wo die uns bekannte dort lebende Schlankmanguste gerade davonläuft.

Nicht einmal ein paar Vögel tummeln sich am anscheinend leeren Wasserloch.

Das Wasserloch von Unions End wird nicht mit Solarenergie, sondern mithilfe einer Windmühle (für mich ist die „Windmill" eines der schönsten Wahrzeichen der Kalahari) betrieben. Es gab eigentlich genug Wind in der letzten Zeit also musste ein Fehler vorliegen.

Ich bin da ganz Francos Meinung alle Wasserlöcher zwar mit Solarenergie zu betreiben, die schönen alten Windmühlen aber als historische Monumente funktionslos weiterhin mitlaufen zu lassen.

Das Problem der Wasserlöcher im oberen südafrikanischen Nossobtal nimmt mit dem Ausfall von Unions End nun wirklich schlimme Züge an.

Unions End und Geinab sind wasserlos, dann folgt Grootkolk mit Wasser. Kannaguass als nächstes Wasserloch hat öfters mit Problemen zu kämpfen und steht kurz vor dem Totalausfall, bevor dann das alte defekte Lijersdraai auch kein Wasser führt und erst das neue Lijersdraai sehr weit südlich Wasser hat. Langklaas als übernächstes südlicheres Wasserloch ist seit Jahren auch außer Betrieb.

Vielleicht sollte doch zeitnahe wirklich etwas unternommen werden.

Ich hatte schon angeregt eine Spendenaktion zu starten und Franco wollte das bei nächster Gelegenheit einmal bei einer Versammlung der Parkassistenten vorschlagen.

Nach einer ereignislosen Fahrt erreichen wir wieder das Camp.

Um 19:15 Uhr ist Sundowner Zeit und ich serviere uns das Kaltgetränkauf der Veranda.

Isak lässt sich leider nicht sehen.

Danach essen wir und warten bei einem Glas Wein auf Gäste am Wasserloch.

Kurz vor dem Löschen des Lichts kommt eine Braune Hyäne vorbei.
Es ist angenehm frisch, der Wind weht und wir gehen um 22:15 Uhr schlafen.

Tag 11 im Park
Übernachtung Grootkolk – 10.02.2019

7:15 Uhr.
Wir schlafen lange und holen den Schlaf nach den wir in den bisherigen langen Nächten am Wasserloch versäumt haben.
Die Sonne scheint vom blauen Himmel. Der Kühlschrank ist zwischenzeitig wieder stromlos und wir frühstücken.
Tauben gurren und flattern am Wasserloch.
Heute ist Sonntag und bisher haben sich noch keine Vögel an den Vogeltränken eingefunden. Die Tage zuvor mussten wir ständig Wasser nachfüllen, jetzt herrscht gähnende Leere.
Unsere Nachbarn wollen auf dem Unions End Picknickplatz frühstücken.
Wir wünschen gute Fahrt und viel Erfolg bei den Sichtungen.
Ich lese während eine Königswitwe und drei Trauerdrogos zum Trinken kommen.
Um 8:00 Uhr entschließen wir uns doch noch zum Gamedrive und fahren auch wieder Richtung Norden.
Auf dem Unions End Picknickplatz entdecken wir einen Bienenfresser (Bee-eater), der gerade dabei ist einen Schmetterling zu fangen, und wir können sein typisches Verhalten beobachten.
Mit der gefangenen Beute im Schnabel setzt er sich auf einen nahegelegenen Zweig und schlägt den Schmetterling immer wieder gegen einen Zweig bis er sich nicht mehr bewegt.
Da seine Beute hauptsächlich aus den namensgebenden Bienen ebenso wie auch aus Hornissen, Hummeln und Wespen besteht, bearbeitet er das Beutetier damit sich bei Stachelträgern die Giftdrüse entleert. Erst dann verleibt er sich seinen Fang ein.

Kurz darauf, wir haben gerade die Rückfahrt angetreten, läuft uns wenige Meter vom Picknickplatz entfernt ein Erdmännchen entgegen. Es ist alleine unterwegs und kommt immer näher auf uns zu.

Es bleibt sehr lange in unserer unmittelbaren Umgebung und steht als Fotomodell zur Verfügung.

Damit hat sich die Entscheidung doch noch zu fahren schon mehr als gelohnt.

Bei Geinab treffen wir das nette junge französische Paar aus Chalet 3, das in einem Baum eine Kobra gesehen hat.

Um den Baum zu finden, drehen sie um, um uns zu selbigen zu lotsen.

Leider bleibt die Kobra unauffindbar.

Zuhause unterhalten wir uns noch sehr lange mit den Nachbarn aus Kapstadt, die im südafrikanischen Winter auf ihrem Boot in Frankreich anzutreffen sind.

Auch den Mittellandkanal bis zur Mecklenburgischen Seenplatte haben sie schon befahren, erzählen sie uns.

12:00 Uhr ist es Zeit für ein schönes kaltes Stoneys mit Eis und um zu lesen.

Über uns segeln vereinzelnde weiße Wolken in einem blauen Himmel.

14:30 Uhr kommen fünf Kudus zum Wasserloch und die Falken erbeuten eine Taube.

17:00 Uhr fahren unsere Nachbarn, die Franzosen und wir wieder Richtung Unions End.

Die Fahrt beschert uns einigen Kuhantilopen mit Jungtieren und wieder mal die Schlankmanguste bei Unions End.

Die Lichtstimmung ist bei der Rückfahrt fantastisch.

Goldenes Abendlich mit plastischen weißen Wolkenbergen im Hintergrund machen die Bilder vom grasenden Gnu auf der Pad zu Kunstwerken.

19:30 Uhr. Es ist Sundowner Zeit. Danach folgt das abendliche braaien und Kalahari TV.

10 Minuten vor 22:00 Uhr macht Isak das Licht aus und der vor kurzem begonnene Regen wird stärker. Unter diesen Umständen ist kein Besuch am Wasserloch zu erwarten.

Tag 12 im Park
Übernachtung Grootkolk – 11.02.2019

Um 6:00 Uhr ist der Start zum Game Drive geplant.

Durch die Wolken am Himmel ist es noch ziemlich düster.

Ich schaue, wie immer bevor wir losfahren, noch einmal mit dem Fernglas über die Ebene und ans Wasserloch.

Ganz still und leise liegt da ein Löwe und trinkt.

Beinahe hätten wir die große Katze übersehen.

Es lohnt sich immer noch einmal die Gegend mit dem Fernglas zu scannen, obwohl das Wasserloch nun nicht wirklich weit entfernt ist. Aber die Tarnung der Tiere ist grandios. Es ist einfach schier unglaublich, wie man selbst so große Tiere wie Löwen am Wasserloch fast übersehen kann.

Das Wissen um die geniale Tarnung der Tiere sollte man immer im Hinterkopf haben, wenn man beabsichtigt irgendwo in der Wildnis, aus dem Auto auszusteigen oder auf nicht eingezäunten Camps sein Zelt aufzustellen. Man kann die Augen nicht offen genug halten.

Wir verschieben die Abfahrt und ich informiere die Nachbarn, die noch nichts vom Besuch am Wasserloch mitbekommen haben.

Erst als der Löwe gegangen ist fahren wir los Richtung Süden.

Im Flussbett sitzen zwei Bataleure, am Kannaguass Wasserloch dagegen entdecken wir nichts.

Wir fahren in den Loop zum Hyänenbau und sehen, wie leider schon erwartet, keine Hyäne.

Jetzt gebe ich schlussendlich auf und komme zum Schluss das der Bau infolge der Verlegung des Wassers aufgegeben wurde.

Damit geht eine Ära zu Ende. Ich bin sehr enttäuscht und niedergeschlagen als wir uns auf den Heimweg machen.

Als wir zuhause ankommen läuft gerade eine Braune Hyäne entspannt zum Wasserloch.

Um 12:00 Uhr kommt Isak vorbei und sagt uns das der Löwe noch da ist und etwas entfernt unter einem Baum schläft.

Eine sehr nette Geste von ihm.

12:30 Uhr und die ersten neuen Gäste ziehen in Chalet 3 ein.

Es ist sehr ruhig. Fliegen schwirren umher und die Biene summt im Spülbecken

und unter einem blauen Himmel mit wenigen Schleierwolken sind die Vogeltränken verwaist.

Die Trauerdrogos zwitschern im Kameldornbaum des Vorgartens.

Eine Kapturteltaube kommt, welch seltener Gast, zur Vogeltränke.

Normalerweise löschen sie ihren Durst nur am Wasserloch.

Ab und an weht eine leichte Brise über die Ebene in der die Borstenhhörnchen herumtollen, die aber trotz des bisherigen Regens immer noch ausgetrocknet vor uns liegt.

Anders als im Flussbett sprießt bisher kein Grün aus dem Boden.

Der junge Falke ist in den „Zauberbaum" geflogen und versucht, bisher glücklos, nun dort Tauben zu fangen. Er stellt sich dabei aber wirklich nicht gerade clever an.

Das erklärt natürlich das er deswegen immer wieder versucht den Erwachsenen die Beute zu stibitzen und sich in einen Kampf mit seinen Eltern stürzt.

Der „Zauberbaum" ist ein sehr großer alter Kameldornbaum, der von uns diesen Namen erhalten hat, weil er je nach Phantasie des Betrachters und des Blickwinkels am Abend, wenn die Beleuchtung des Wasserlochs ihn erhellt, wie ein Schaf, Saurier, Hund, Huhn oder was auch immer, aussieht.

In den letzten Tagen präferiere ich „schnell rennender Hund".

16:30 Uhr hat sich ein Trupp Blutschnabelweber im Vorgartenbaum gemütlich gemacht.

Die Truppe zwitschert, flattert und hüpft im Baum und an der Vogeltränke.

Sobald ich mich schnell oder ruckartig bewege fliegt der ganze Schwarm mit einem Rauschen davon, um kurz darauf wieder zurück zu kehren und das Spiel von neuem zu beginnen.

Blutschnabelweber gehören zu den am häufigsten vorkommenden Vögeln der Erde. Ihr Gesamtbestand nach der Brutzeit wird auf 1,5 Milliarden Vögel geschätzt, alleine im Krüger Nationalpark sollen es dann 33 Millionen sein.

Während hier gerade ein kleiner Trupp von vielleicht hundert Tieren im Baum sitzt, haben wir einmal riesige Schwärme in Urikaruus erlebt, die kunstvolle Zeichnungen in die Luft am dortigen Wasserloch malten und deren Gezwitscher ungeahnte Lautstärke erreichte.

Solche Schwärme fügen Farmern immensen Schaden zu, wenn sie in Getreide-
felder einfallen und werden daher vehement bekämpft.

Von Benzin und Sprengstoffexplosionen bis hin zu großflächigem Chemieein-
satz reicht das Repertoire der Farmer.

In Südafrika werden im Jahr bis zu 180 Millionen der Vögel getötet, was aller-
dings in etwa der natürlichen Sterblichkeit entspricht und daher außer einem
großen Kollateralschaden nicht sehr effektiv ist.

Das oft benutzte Kontaktgift Queletox®, das mit Flugzeugen über Schlaf- und
Rastplätzen verstreut wird, tötet nicht nur andere Vögel und Insekten, sondern
ist auch für Vieh, Wasser und Mensch schädlich.

Werden die toten Tiere dann gefressen sterben auch die Beutegreifer.

Positiv ist dagegen anzumerken, dass nun begonnen wurde über alternative
Abwehrmechanismen nachzudenken und diese auch einzusetzen.

Zu den Blutschnabelwebern gesellen sich mit der Zeit Siedlerweber, Kanarien-
vögel, Maskenweber, Glanzstare, die nun alle immer häufiger Gebrauch von
der Tränke machen und mich damit zum Nachfüllen zwingen.

Um 18:00 Uhr warten wir alle auf den Löwen

Zunächst aber taucht eine Kuhantilope aus den Weiten der Kalahari auf und
trinkt.

Als sie sich vom Wasserloch entfernt, setzt sich der Löwe auf.

Im wilden „Kanter Galopp" verschafft sich zunächst einen größeren Sicherheitsabstand und lässt dann sein warnendes Prusten hören und den Löwen
nicht mehr aus dem Auge. Der Löwe schreitet nun seinerseits langsam Richtung Wasserloch.

Das aus dem Auge lassen ist bei Kuhantilopen dabei aufgrund ihres schwächer
entwickelten Sehvermögens nicht wirklich wörtlich zu nehmen.

Bei bestem Foto Licht werden nun überall die Kameras in Anschlag gebracht.

Da entschließt sich der König der Tiere eine Auszeit zu nehmen und legt sich
auf halbem Weg wieder zur Pause nieder und die Kuhantilope zieht ihres Weges.

Erst um 19:20 Uhr bequemt sich Seine Majestät zum Wasserloch.

Die Sonne ist so gut wie verschwunden und damit leider auch das gute Foto-
licht.

Heute gehen außer uns alle anderen menschlichen Bewohner Grootkolks früh schlafen, während wir noch bei einem Glas Sauvignon Blanc den Besuch einer Braunen Hyäne und das abermalige Trinken des Löwen beobachten dürfen.

Erst als Letzterer längst verschwunden ist, und auf das Rufen seines weit entfernten Kollegen antwortet, gehen überall Türen auf und Taschenlampen leuchten die Gegend ab.

Leider gibt es zu diesem Zeitpunkt nichts mehr zu sehen.

Für die Eule, die sich lange vorher mit schaurig schönem Rufen angekündigt hatte, öffnete später niemand mehr die Türen.

Noch später beginnt es zu regnen und ein Gewittersturm mit viel Wind tobt fast die restliche Nacht.

Tag 13 im Park
Übernachtung Grootkolk – 12.02.2019

Es ist 7:30 Uhr und wieder stehen wir extrem spät auf.

Alle anderen Chalet Bewohner sind auf Game Drive.

Bei Isak sind Arbeiter eingetroffen, die wie ich von ihm später erfahre, das Wasserloch in Unions End reparieren sollen.

Ein Lichtblick!

Beim gemütlichen Frühstücken entdecke ich unter dem Zauberbaum etwas was hier nicht hingehört. Sowohl die Farbe als auch die Form ist anders.

Ich habe da eine Ahnung, der Herzschlag wird schneller und schon habe ich das Fernglas vor den Augen.

Es ist eine Kapkobra die von Borstenhörnchen attackiert wird.

Die kommende Stunde ist nun ein spannendes Spektakel angesagt, bei dem die mutigen Borstenhörnchen die Schlange aus dem Gebiet ihres Baus verjagen wollen.

Der Bau einer Borstenhörnchenkolonie kann an die hundert Ausgänge haben und sich über ein 2000 Quadratmeter großes Gebiet erstrecken.

Immer wieder attackieren die Hörnchen die Schlange.

Sobald sich die Schlange aufstellt und zuschlägt springen die angreifenden blitzschnell davon.

Diese Vorgehensweise wiederholt sich immer wieder.

Die Hörnchen haben die Kobra inzwischen bis wenige Meter vor unser Chalet getrieben.

Isak kommt vorbei und fragt wegen frischer Bettwäsche und Handtüchern nach und ich zeige ihm die Kobra, der auch er eine Zeitlang zusieht.

Langsam verschwindet die Schlange nun gen Süden.

Die tapferen Borstenhörnchen haben sie erfolgreich vertrieben.

Ich beobachte noch solange es geht den Weg der Kobra, um sicherzugehen, dass sie sich von unserer Unterkunft wegbewegt.

Erst im November letzten Jahres hatten wir im Strauch hinter Chalet 2 auch eine Kapkobra, auf die Franco uns aufmerksam gemacht hatte.

Mit Schlangen kommt es gerade hier in Grootkolk immer wieder zu Zwischenfällen. Schon mehrmals mussten Tiere aus den Chalets entfernt werden, die durch die offenstehende Tür hineingekommen waren.

Das kann ganz schnell gehen. Eine kurze Unaufmerksamkeit oder die Tür aus Bequemlichkeit zu lange geöffnet und schon ist es passiert, was wir ja mit dem Skorpion vor ein paar Tagen auch erfahren mussten.

Egal wie lange man schon in der Wildnis unterwegs ist, Achtsamkeit sollte immer erstes Gebot sein, wobei sich gerade bei denjenigen die sich selbst als erfahren bezeichnen, aufgrund einer gewissen Überheblichkeit manchmal eine gewisse Nachlässigkeit einschleicht, die es immer wieder bewusst zu bekämpfen gilt (dar Skorpion hat mich hoffentlich wieder einmal wachgerüttelt).

Auch das Aufstellen von Vogeltränken auf der Mauer der Veranda ist wegen der Schlangen nicht ungefährlich.

Franco erzählte uns von Gästen die eine Tränke an der Mauerecke, an der sich die Spüle befindet, aufgestellt hatten.

Die Vogeltränke lockte nicht nur die Vögel an, sondern auch einen ihre Jäger.

Als die Kobra, die die kleine Mauer emporgekommen war und hochschnellte wäre beinahe die Frau des Paares gebissen worden.

Mit viel Glück kam sie mit einem riesigen Schrecken davon und hat die Vogeltränke an dieser Stelle sofort wieder abgebaut.

Das Gift der Kapkobra ist sehr wirksam und führt bei ihren Jagdopfern in Sekundenschnelle zum Tod. Auch beim Menschen sterben bei einem Vollbiss unbehandelt nahezu alle Gebissenen.

Das Gift der Kobra gehört zu den Neurotoxinen mit einem hohen Anteil an Alpha Toxinen, die Synapsen irreversibel blockieren. Erste Symptome nach einem Kapkobra Biss, auf die man achten sollte, sind Sprachstörungen, hängenden Augenlider und Schluckbeschwerden.

Herzkreislaufbeschwerden schließen sich an und eine zunehmende Lähmung der Muskulatur, speziell der Atemmuskulatur, führt dann zum Tod durch Ersticken.

Den Kampf der Borstenhörnchen mit der Kapkobra hat außer uns niemand beobachten können da wir alleine im Camp sind.

Uns hält jetzt nach dieser tollen Sichtung aber auch nichts mehr im Camp und wir fahren Richtung Norden, um einmal zu schauen was die Reparatur des Wasserlochs macht.

Die Landschaft scheint etwas grüner geworden zu sein.

Viele Springböcke und Kuhantilopen sind unterwegs.

Am Wasserloch in Unions End wird mit fünf Leuten eifrig gearbeitet.

Ich frage, wie es aussieht und erfahre, dass sie heute noch fertig werden.

Um 12:00 Uhr sind wir bei größter Hitze wieder zurück im Camp.

Kaum zuhause erscheinen neun Kuhantilopen mit Kalb auf der Bildfläche und halten sich lange am Wasserloch auf.

Ich bereite den Braai vor und hole Fleisch zum Auftauen aus der Gefrierabteilung unseres Kühlschranks.

Heute gibt es Lammlende, auf die ich mich schon freue.

Um den Angriffen unserer Falter, die in den letzten Tagen zu einer echten Plage geworden sind, zu entgehen, wollen wir bis Sonnenuntergang gegessen haben.

14:00 Uhr es ist unglaublich heiß bei strahlendem Sonnenschein.

15:30 Uhr und es kommen zwei Kududamen durch die Hitze „geschlendert".

16:30 Uhr mache ich Feuer und mir läuft der Schweiß in Strömen. Die Hitze der Sonne ist fast schon schmerzhaft, das Feuer tut sein Übriges.

19:30 Uhr, nach dem Abendessen, nehmen wir unseren Sundowner zu uns.

Es ist immer noch sehr heiß.

Nachdem die Sonne untergegangen ist kommen mehr Wolken auf.

Ab und an hört man das „Uhh Uhh" einer Eule.

Überall um uns herum beginnt es zu blitzen und es geht Regen nieder.

21:30 Uhr zucken viele große Blitze durch die Luft und es regnet immer stärker bis wir schlussendlich nach drinnen müssen.

22:20 Uhr löscht Isak das Licht und draußen prasselt das so ersehnte Nass auf die ausgedorrte Erde.

Tag 14 im Park
Übernachtung Grootkolk – 13.02.2019

Wir frühstücken um 7:00 Uhr, nachdem wir bereits eine geraume Zeit gemütlich mit einer Tasse Kaffee vor dem Chalet sitzend, die frühmorgendliche ruhige Stimmung genossen haben.

Danach starten wir wieder einmal Richtung Norden.

Mir kommt es vor als wären wir über Nacht in ein anderes Land gereist.

Große Springbockherden, Gnus mit vielen Kälbern und Oryxherden bevölkern nun das grüne Nossob Flussbett.

Überall steht Wasser und es haben sich riesige Seenlandschaften gebildet.

Die Luft ist jetzt frisch und angenehm nach dem langen Regen der Nacht, obwohl beim Aussteigen am Unions End Parkplatz die Sonne schon wieder in ihrer ganzen Stärke auf uns herab brennt.

Auch die in regenreicheren Jahren extrem häufig vorkommenden Milipedes (Doppelfüßer) sind heute morgen noch unterwegs. Sie bilden eine eigene Klasse und werden bei den Tausendfüßlern eingeordnet. Diese urtümlichen Tiere gab es schon im Silur und gehören damit zu den ersten Landbewohnern vor 410 Millionen Jahren. Einer der Vorfahre dieser schwarzen Gliedertiere erreichte eine Länge von 2 Metern und 50cm Breite und ist die bisher größte bekannte Landathropode. Es war ein Räuber der vor 310 Millionen Jahren Tiere von der Größe einer Antilope erlegen konnten. Eine faszinierende Vorstellung!

Bataleure haben sich auf verschiedenen Bäumen niedergelassen.

Eines der Tiere sitzt in unserer Nähe und fliegt aber nach kurzer Zeit davon, während die beiden anderen Vögel, etwas weiter entfernt, sich beim Putzen und Gefieder trocknen nicht stören lassen.

Ich bin immer wieder begeistert Bataleure zu sehen.

Gerade ihr Flug ist wunderschön anzusehen, nicht umsonst hat er dadurch seinen Namen bekommen.

Der Bataleur oder Gaukler ist bei seinen Flugkünsten auf ein gewisses Maß an Thermik angewiesen, weshalb er am frühen Morgen und späteren Nachmittag sowie bei kaltem oder nassem Wetter gerne längere Zeit auf Bäumen sitzt.

Wieder treffen wir heute auch auf Geier in den Bäumen und ein Trupp Zebramangusten tobt durch das Flussbett.

Vor uns bereitet sich gerade eine ganz andere Szenerie aus als noch einen Tag zuvor.

Alles scheint sich verändert zu haben.

Die ausgetrocknete wüstenhafte Erde ist verschwunden, teils unter Wasser, teils unter einem grünen Flaum, der auf Nahrung für die Pflanzenfresser hoffen lässt.

Ein neues Lebensgefühl scheint hier am Nossob zu herrschen, die Lebensfreude pur!

Am besten zu sehen bei den Springböcken, die am heutigen Morgen um die Wette „prunken".

Das „Prunken" ist typisch für Springböcke und dadurch sind sie zu ihrem Namen gekommen.

„Prunken" bedeutet mit gestreckten Beinen und gekrümmten Rücken ein bis dreieinhalb Meter hochspringen und dabei den Kopf tief nach unten halten.

Über die Bedeutung des „Prunkens" ist man sich noch nicht sicher Unter anderem wird es als Warnung vor Raubtieren oder dem Zeigen das ein Raubtier erkannt und so ein Angriff sinnlos ist interpretiert. Aber wer einmal eine Herde dieser Tiere in freier Wildbahn beobachtet hat, kann auch zu dem Schluss kommen, dass es sich dabei manchmal einfach nur um reine Übermut und Lebensfreude handeln könnte.

Wie oft schon standen wir gerade im engeren Auob Tal inmitten großer äsender und prunkender Herde, manchmal so begeistert, dass wir beinahe die Heimfahrt zum Camp verpasste hätten.

Nach ihrem ärgsten Feind, dem Geparden, gehören Springböcke mit bis zu 90 km/h zu den schnellsten Säugetierarten überhaupt.

Ihr Antritt allerdings ist unübertroffen unter den Landtieren. In zwei Sekunden erreicht sie eine Geschwindigkeit von über 60 km/h.

Aber nicht nur die Springböcke begeistern uns heute morgen, auch die Kuhantilopen jagen spielerisch mit ihrem Nachwuchs durch das Flussbett und Spießböcke galoppieren anmutig wie prächtige Streitrösser, bewaffnet mit langen Lanzen, am Ufer gegenüber dahin.

Es macht unglaubliche Freude durch diese veränderte Landschaft zu fahren.

Auch zuvor hatte es schon geregnet, aber diese letzte Nacht scheint alles verändert zu haben.

Um 10:40 Uhr sind wir zurück in Grootkolk.

Franco, der heute Isak ablöst, kommt zum „chatten", einem Schwätzchen vorbei.

Es ist 12:00 Uhr und eine Windhose fegt über die Ebene, dicht am Chalet vorbei.

Sie wirbelt in den Zauberbaum, jagt alle Vögel daraus hervor, zerzaust alle Blätter, biegt Äste und Zweige und löst sich dann auf.

Eine Streifengrasmaus (four-striped grass mouse) besucht uns auf der Veranda. Sie schaut sich kurz um und verschwindet hinter der Küchenwand wieder in den Vorgarten.

Eine Gruppe Gnus kommt zum Trinken vorbei, danach auch etliche Oryx Antilopen die lange am Wasserloch bleiben. Ein untrügliches Zeichen, dass schon länger kein großes Raubtier in der Nähe war und ist.

Um 16:00 Uhr sind die Oryx immer noch anwesend als wir nochmals zum Unions End fahren.

Wieder hat sich das Landschaftsbild geändert.

Das Wasser ist fast überall im Boden versickert und in der Hitze verdunstet und ohne das Wasser sind die Tiere, die am Morgen noch überall zu sehen waren wie weggezaubert.

Auf der gesamten Fahrt haben wir keine nennenswerte Sichtung.

Der Himmel über Grootkolk sieht bedrohlich dunkel aus und wir beeilen uns wieder nach Hause zu kommen.

Um 18:00 Uhr fegt wieder einmal ein Sandsturm über Camp, Zauberbaum und Wasserloch und die Spießböcke, die immer noch da waren, galoppieren davon.

Der Braai fällt aus und das Holz wird wieder verstaut.

Franco bleibt heute lange zum Sundowner. Das liegt vielleicht auch daran das sein Fernseher (alle Camp Angestellten haben seit ein paar Jahren gegen die Einsamkeit einen Fernseher im Chalet) defekt ist, worüber er sich per Funk auch in den nächsten Tagen heftig beschwert, wie wir in anderen Camps erfahren sollten.

Auch diese Nacht bleibt extrem ruhig. Nur ein Schakal nimmt einen schnellen Schluck am Wasserloch und eine Eule schreit.

Tag 15 im Park
Übernachtung Grootkolk – 14.02.2019

Unser letzter Tag in Grootkolk ist angebrochen.

Sind wir nicht gestern erst angekommen? Eigentlich dachte ich, dass sieben Tage am Stück, zuzüglich die vier zuvor, eine lange Zeit sind. Hier in Grootkolk ist das aber leider nicht so.

Auch wenn diesmal die Tiersichtungen aufgrund der Trockenheit bedeutend weniger waren als in all den Jahren zuvor, bleibt das Leben hier inmitten der Natur spannend und wird niemals langweilig.

Nach einem gemütlichen Frühstück fahren wir nach Süden bis zum Loop mit dem ehemaligen Hyänenbau.

Am Abzweig zum Kaa Gate entdecken wir auf einem abgestorbenen Baum einen Schlangenadler, der sich uns nähern und fotografieren lässt.

Überhaupt gibt es heute wieder viele Raubvögel zu sehen. Eine Ansammlung von 15 Exemplaren unterschiedlicher Arten auf dem Boden des Flussbetts sind das Highlight am heutigen Morgen.

Wir treffen auf den ehemaligen Nachbarn aus Chalet 4, den wir auch schon aus Urikaruus kennen.

Wir unterhalten uns mit dem südafrikanischen Paar, das jetzt in Polentswa zeltet und erfahren von ihnen, dass vier Löwen am alten Wasserloch von Lijersdraai liegen.

Wir unterhalten uns noch eine Weile. Auch die beiden Südafrikaner haben trotz mehr als zwanzigjähriger Erfahrung solch eine Trockenheit im Park zu dieser Zeit noch nicht erlebt,

Überhaupt drehen sich alle Gespräche der beiden letzten Wochen immer wieder um die Trockenheit, die viel zu geringe Regenmenge und die daraus resultierenden Auswirkungen auf die Tiere, für die es einer Katastrophe ist.

Der Klimawandel scheint mit aller Macht auch hier angekommen zu sein, obwohl die Kalahari schon immer ein Land der Extreme war.

Langsam setzten wir unseren Weg fort.

Die Löwen haben es sich unter einem niedrigen Schatten gebenden Baum gemütlich gemacht und dösen. Nur gelegentlich wendet sich eines der Tiere gemächlich und blinzelt uns dabei an.

Hier wird sich wahrscheinlich in den nächsten Stunden nicht viel tun. Zum Wasser können die Katzen nicht mehr, und so werden sie wahrscheinlich ihre Position nur mit dem wandernden Schatten leicht verlagern.

Wir schauen uns diese Nostalgiker, die wahrscheinlich das funktionierende Wasserloch noch gekannt hatten, eine Zeitlang an bevor wir unsere Tour fortsetzen und in den Loop einfahren

Wir fahren vom südlichen Eingang aus um den gesamten Loop.

Hier im Loop haben wir schon oft gestanden und konnten diverse Mäuse beobachten. Der Loop bescherte uns in der Vergangenheit auch unsere bisherigen vier Karakal Sichtungen während des Tages. Heute sollte Nummer fünf nicht folgen.

Am verlassenen Hyänenbau suchen wir noch einmal erfolglos nach frischen Spuren und machen uns auf den Weg nach Hause.

Um 10:00 Uhr sind wir wieder in Grootkolk und lesen.

Ein gemütlicher, entspannender Tag liegt vor uns.

Kuhantilopen, ein Gnu und später ein Spießbock kommen zeitweise vorbei.

Weiße Wolken segeln wie Schiffe auf blauen Hintergrund von Gharagab herüber.

Der Falke jagt sporadisch und unterschiedliche Vögel kommen zu den Tränken am Zaun. Geckos und Eidechsen schauen vorbei und Borstenhörnchen suchen im Veld vor uns nach Nahrung.

Wie im Fluge vergeht leider die Zeit und schon ist es 14:00 Uhr. Ein Siedlerweber sucht zu meinen Füßen nach Brotkrümeln und eine Eidechse nach Insekten.

Die Königswitwen sind mit ihrem unverkennbaren Flug Stil unterwegs und Tauben flattern mit hörbarem Flügelschlag am Wasserloch zwischen den Oryx Antilopen am Wasserloch hindurch, umfliegen sie und lassen sich immer wieder am Wasser nieder.

Vogelgezwitscher und das Summen unserer Bienen erfüllt die Luft. Ansonsten herrscht Stille.

Ich versuche diese Stimmung ganz intensiv in mich aufzunehmen, soll die Erinnerung daran doch helfen mit dem stressigen und hektischen Alltag in Deutschland besser zurecht zu kommen.

Selbst ganz ohne Tiere wäre Grootkolk für mich ein Traum. Seine Eingebundenheit in die Natur mit dem gebotenen Luxus und der relativen Einsamkeit macht diesen besonderen Platz einfach unbezahlbar.

Oftmals reicht beim Ansitzen abends und nachts am Wasserloch die Vorstellung, wer und was da jetzt alles draußen im Veld unterwegs ist, was alles passieren könnte, gepaart mit den Erfahrungen und Erlebnissen vieler Jahre und den Geräuschen der Nacht, den Rufen von Schakalen und Eulen, um absolut zufrieden mit sich und der Welt zu sein.

Gegen 18:00 Uhr kommt Franco vorbei. Es ist für lange Zeit unser letzter Abend.

Noch einmal „chatten" wir über Gott und die Welt bevor er pünktlich zurückmuss, um bei den restlichen Besuchern vorbei zu sehen und das Licht am Wasserloch anzuknipsen

Hier auf der Ebene vor uns hat sich trotz des gelegentlichen Regens nichts verändert. Kein grüner Flaum ist in Sicht und keine Blume hat zu blühen begonnen. Es ist ganz anders als in all den Jahren zuvor.

Es bedarf noch viel größerer Regenmengen, um die noch immer trockene Kalahari wieder in ein grünes blühendes Paradies zu verwandeln.

Es ist 21:30 Uhr und pünktlich wie viele Abende zuvor kommt eine Braune Hyäne vorbei.

Etwas später setzt Regen ein, ein sehr starker Regen, zum Glück für die Natur.

Tag 16 im Park
Übernachtung Urikaruus – 15.02.2019

6:30 Uhr packen wir zügig unsere restlichen Sachen ins Auto.
Das meiste Gepäck hatten wir wie gewohnt schon am gestrigen Nachmittag in das Auto gebracht.
Ich möchte jetzt schnell weg von Grootkolk. Ich würde sonst zu melancholisch werden. Jede Zeit, die wir uns jetzt noch hier herumdrücken würden, wäre unangenehm.
Ein letzter Blick über Wasserloch, Zauberbaum und die Weite, die sich vor unserem Zuhause auf Zeit auftut und jetzt Vergangenheit wird.
Danach fahren wir zu Franco und verabschieden uns von ihm, nicht ohne einen großen Sack Schmutzwäsche mit- und die Bestellung eines Colas von Erik aufzunehmen, die er Franco für uns per Funk übermittelt hat.
Mit einer Träne in den Augen verlassen wir Grootkolk.
Schon auf der Ausfahrt vom Camp sehen wir wie stark es die Nacht geregnet hat. Überall steht Wasser auf der Pad in sogenannten „puddles".
Bis hinunter nach Nossob müssen wir immer wieder durch flaches Wasser und Schlammstrecken fahren, was aber aufgrund der geringen Wassertiefe keine Probleme darstellt.
Wir sehen fast keine Tiere auf der Fahrt nach Nossob, außer einem riesengroßen Glücksfall für mich. Etwas nördlich von Polentswa wuseln Tiere am Wegesrand die ich als Trockenland-Elefantenspitzmäuse identifiziere.
Ich habe Elefantenspitzmäuse bisher schon am Waterberg und in Etosha gesehen, aber es ist mir noch nie gelungen, trotz geduldigen Wartens bei den Sichtungen, ein brauchbares Bild oder Filmaufnahme zu bekommen.
Jetzt klappt es endlich. Es ist schwieriger ein Bild diese Maus zu bekommen und bedeutet eine größere Herausforderung als einen Löwen oder Hyäne zu finden und zu fotografieren.
Ich bin überglücklich.
Die Elefantenspitzmaus findet man im östlichen und südlichen Afrika.
Trotz ihres Namens ist sie mit unseren Spitzmäusen nicht verwandt, sondern gehört zur Familie der Rüsselspringer, eine Familie guter Läufer, die Spitzengeschwindigkeiten bis zu 28 km/h erreichen können.

Sie leben in sogenannten Aktionsräumen und sind territorial. Mit dem Begriff des Aktionsraums ist in der Sozial und Verhaltensgeografie und der Zoologie die Größe des genutzten Lebensraums eines Tieres gemeint, also der Raum der zu regelmäßigen Aktivitäten wie Aufzucht der Jungen, Begattung und Futtersuche genutzt wird. Gelegentliche Forschungsausflüge in die weitere Umgebung gehören laut William H. Burt nicht dazu.

Der Aktionsraum ist auch meistens um einiges größer als das Revier, also der Raum, der gegenüber Artgenossen verteidigt wird.

Kommuniziert wird durch Aussetzen von Duftmarken und Trommelklopfen mit den Hinterbeinen das auch als Popophonie bezeichnet wird und hauptsächlich bei Stress wie zum Beispiel bei Revierkämpfen oder Paarungsritualen eingesetzt wird.

Innerhalb ihres Aktionsraums legen die Elefantenspitzmäuse ein Wegesystem an, das die Unterschlüpfe und Verstecke mit den verschiedenen Aufenthalts- und Futterplätzen verbindet.

Dieses Wegesystem wir ständig, im Rahmen der Futtersuche, gesäubert und Hindernisse werden entfernt.

Die Hauptnahrung besteht dabei zu über 85 % aus Ameisen und Termiten, die durch einen Rest an pflanzlicher Nahrung ergänzt wird.

Die flinken Tiere mit den im Zusammenhang zum Körper großen Köpfen und Augen sind monogam. Nur im Falle, dass ein Weibchen einen Partner verliert wird es von einem benachbarten gebundenen Männchen in eine polygyne Verbindung einbezogen, bis es wieder einen ungebundenen Partner gefunden hat.

Dieses Verhalten erklärt sich durch eine lange Tragezeit (50 – 52 Tage) nach der nur 1-2 Jungtiere zur Welt kommen.

Obwohl die weiblichen Tiere gleich nach der Geburt wieder trächtig werden können, ist die Reproduktionsrate der Elefantenspitzmäuse aufgrund langer Tragezeit und geringer Anzahl an Neugeborenen gering.

Die Tiere sind optimal an das Leben in wasserarmen wüstenartigen Gebieten angepasst.

Zum einen können sie zu verschiedenen Tageszeiten ihre Körpertemperatur zu einem gewissen Grade verändern was als Heterothermie bezeichnet wird und des Weiteren haben sie speziell angepasste Nieren zur Speicherung des Wassers und Konzentrierung des Urins.

Dadurch können sie ihren Wasserbedarf alleine durch die Nahrung decken können und sind nicht auf freies Wasser angewiesen.

Wir bleiben bei den Tierchen stehen bis sie, gestört von einem vorbeikommenden Fahrzeug, im Gebüsch verschwunden sind.

Am Polentswa Wasserloch entdecken wir keinerlei Anzeichen von Tieren.

Wenig davon entfernt Richtung Nossob zweigt ein Pad nach Osten ab, der über das Flussbett zum Campingplatz, zum Polentswa 4x4 Trail und auch zur gleichnamigen Lodge führt.

Auf dem Weg dorthin, jenseits des Flussbetts liegt inmitten der Wildnis ein einsames Grab.

Die Geschichte dieses Grabes ist etwas mysteriös und stellt noch immer Fragen auf:

Der verarmte, geschiedene Geologe Hans Schwabe, der ursprünglich aus Bremen stammte, reiste öfters durch den Süden der Kalahari und besuchte dabei auch immer wieder Josef „Joep" de Riche, den Manager des Kalahari Gemsbock Nationalparks.

Auch am Nachmittag des 20.Oktober 1958 tauchte er bei Joep zu einem Kaffee auf.

Im Laufe des Gesprächs fragte Schwabe nach Joeps Einschätzung bezüglich Diamantenvorkommen in der Kalahari und ob es möglich wäre, eine Schürferlaubnis für den Park zu bekommen.

Joep lachte und verneinte.

Sein ganzes Leben lang hatte er schon in dieser Gegend zugebracht und hatte niemals von Diamanten gehört oder gesehen.

Geschichten von Diamantenvorkommen in der Kalahari waren Legenden und unbestätigte Gerüchte und zudem war es absolut verboten im Nationalpark nach Bodenschätzen zu graben.

Damit gab sich Schwabe anscheinend zufrieden und man redete noch kurz über andere Themen, bevor er sich verabschiedete.

Wie er le Riche zuvor erzählt hatte, schlug Schwabe den Weg nach Mata Mata ein, um nach Südwest Afrika weiterzureisen.

Aber schon bald nachdem er außer Sichtweite war, nahe des Zusammenflusses von Nossob und Auob Revier, hielt er an und versteckte sein Auto hinter Büschen.

Dort wartete er eine geraume Zeit bis er sicher war, dass niemand ihm folgte, und nahm dann den Weg ins Nossob Tal, dem er bis zur Kwang Pfanne folgte und dort sein Auto abstellte. Dann verschwand er in der Wildnis.

Am folgenden Tag telefonierte die Betschuanaland (heute Botswana) Polizei zu le Riche, dass sie ein verlassenes Auto gefunden, aber nicht die personelle Möglichkeit hätten, um nach den Insassen zu suchen.

Joep, sein Sohn Stoffel, zwei Polizisten und ein San Fährtenleser machten sich sofort auf den Weg zum verlassenen Auto.

Als sie an der Kwang Pfanne ankamen erkannten sie sofort das Oldsmobil von Hans Schwabe.

Als sie ausstiegen, um das Auto und die Umgebung näher zu untersuchen fielen ihnen etliche seltsame Sachen auf.

Sie fanden einen Zettel im Wagen worauf stand:

Kein Wasser für das Auto, kein Wasser für mich, kein Essen, ich folge dieser Straße. Montag 8:00 Uhr H.Schwabe

Zwei Spuren führten vom Wagen weg, eine führte wieder zum Wagen zurück. Anscheinend war Schwabe weggegangen, dann wieder zurückgekehrt und wieder weggegangen.

Joep überprüfte das Kühlwasser. Es war voll.

Das nächste Wasser befand sich zehn Kilometer südlich, aber Schwabe war nach Norden gegangen.

Joep kam zu dem Schluss das Schwabe zunächst nach Norden gegangen war, sich dann aber doch rückversichern und eine Erklärung für das abgestellte Auto liefern wollte, falls das Auto gefunden wurde und war deshalb wieder zurückgekommen, um den Zettel zu schreiben, bevor er wieder nach Norden aufbrach.

Joep und sein Suchtrupp folgten der einen Tag alten Spur, die nach ein paar Kilometern das Nossob Tal verließ und auf dem Dünenkamm der Betschuanaland Seite weiterführte.

Bald schon fanden sie Spuren von Prospektion, abgeschlagene Steine und gesiebter Sand.

„Er gräbt sich sein eigenes Grab" meinte Joep dazu. „Wir müssen uns beeilen, bald geht die Sonne unter".

Von einer hohen Stelle auf den Dünen sahen sie bald darauf, aus der Entfernung, Geier auf einem Baum sitzen.

Die Spur wurde zielloser und weiterhin fanden sie Anzeichen von einer Suche nach Bodenschätzen.

Als sie den Baum erreichten entdecken die die Überreste von Hans Schwabe.

Raubtiere und Geier hatten ihn bereits verstümmelt.

Am nächsten Tag kamen Polizei und ein Arzt aus Witdraai zu der Fundstelle.

Da es die Betschuanaland Seite des Nossobs war, konnten sie die Überreste Schwabes nicht einfach mitnehmen.

Joep und seine Leute gruben ein Grab unter einem kleinen Kameldornbaum auf das sie dann gesammelte Steine häuften und mit zwei Kameldornästen ein Kreuz errichteten.

Auf sein Grab legten sie was sie bei ihm gefunden hatten: seine Blechbüchse mit Biskuits, ein paar Zigaretten und einer Flasche mit Tabletten.

Auf eine leere Wasserflasche gravierte Joep die Worte:

„Hier rus Hans Schwabe. Oorlede 22.10.58" (Hier ruht Hans Schwabe. Gestorben 22.10.58)

Dann überließen sie ihn der Wildnis.

Heute sieht man ein schiefes schmiedeeisernes Kreuz auf seinem Grab, an dem man vorbeifährt, wenn man vom Flussbett zum Campingplatz fährt.

Ein paar Fragen bleiben für mich:

Was suchte er auf dem Dünenkamm? Anzeiger für Diamanten findet man eigentlich im Flussbett, nicht auf hohen Sanddünen.

Warum täuschte er vor kein Wasser mehr zu haben, wo man dies doch aufgrund des vollen Kühlers leicht nachprüfen konnte?

Warum wurde er so schnell orientierungslos wie seine Spur am Ende vermutet?

Warum war er nach einem Tag in der Wildnis bereits Tod? Selbst ohne Wasser (Nahrung hatte er ja) hätte er eigentlich noch leben können.

Wusste er nicht, dass er ganz nahe am Wasserloch Grootbrak (heute Polentswa) war?

Wurde er von Löwen oder anderen Raubtieren getötet? Aber warum waren sie dann nicht bei ihrer Beute oder haben ihn ganz aufgefressen? Warum wurde ein Tierangriff nicht als Todesursache genannt? Das sind Gedanken, die mir durch den Kopf gehen bis wir Nossob erreichen.

Wir geben wieder die Wäsche ab, kaufen ein, baden und tanken. Erfrischt führt unsere Fahrt danach weiter Richtung Süden, wiederum durch längere Wasserpassagen und schlammige Pfützen.

Bei der Querung durch die Dünen hinüber zum Auob Tal posiert unterwegs ein Steinböckchen Paar für die Kamera. Später bevölkert ein großer Schwarm Schwalben den Himmel, während auf dem Boden, entlang einer langen Wasserpfütze, acht junge Raubvögel verschiedener Arten sitzen.

Um 13:04 Uhr erreichen wir Urikaruus und bekommen von Eric Chalet 1, nach Übergabe seiner Bestellung aus Nossob und einem kurzen Gespräch über unsere Fußballclubs, zugewiesen.

Nachdem wir ausgeladen und uns eingerichtet haben, fahren wir verschwitzt weiter nach Mata Mata.

Schon bald treffen wir auf eine Gruppe Giraffen deren jüngere männlichen Mitglieder sich in Scheingefechten für den Ernstfall vorbereiten.

Es ist immer wieder ein Genuss diesen fast tänzerisch wirkenden Gefechten zusehen zu dürfen.

Was aber so spielerisch aussieht kann im Ernstfall zur tödlichen Waffe werden.

Lange verweilen wir bei den Giraffen bevor wir weiter zu den Eulen fahren.

Der südafrikanische Nachbar von Chalet 4 hatte uns neben dem Tipp mit den Löwen auch von Eulen in einem Baum gleich nach dem Loop vom Dertiende Boorgat erzählt.

Somit war es keine große Herausforderung diese auch zu finden. Seine Beschreibung passte perfekt und wir finden den Fleckenuhu mit den beiden Jungtieren.

Lange stehen wir auch bei diesen Tieren, die uns in der Nacht mit ihrem schaurig schönen Rufen begeistern.

In Mata Mata kaufen wir zunächst Batterien für Svenjas Stirnlampe, etwas Käse und eine Flasche Sauvignon Blanc bevor wir uns dem Pool zuwenden.

Die Hitze ist wie immer unbeschreiblich und wir wissen wie immer den Luxus eines Pools im Durstland sehr zu schätzen.

Nebenbei setzten wir noch ein paar WhatsApp Nachrichten ab, um der Familie zuhause ein Lebenszeichen zu geben, - die namibische Simcard vom Flughafen in Windhoek macht es möglich.

Auf der Rückfahrt kommen am Veertiende Boorgat Giraffen langsam die Dünen herunter und eine Zeitlang sind wir, umringt von den fressenden Tieren, fast auf Tuchfühlung mit ihnen.

Wir können beobachten wie die Giraffen langsam gegen den Wind von Baum zu Baum weiterziehen. Das hat einen Grund, denn Akazien können miteinander kommunizieren, um sich vor dem „Feind" zu warnen.

Manch anderer Fressfeind kann der Baum zwar mit seinen langen Dornen abhalten, aber gegen die dreißig Zentimeter lange Zunge und die dicke Haut am Maul der Giraffe hilft das wenig.

Deshalb haben diese Bäume eine weitere Abwehrtechnik entwickelt.

Frisst eine Giraffe von einer Akazie (zu denen auch der Kameldorn gehört) so bildet der Baum Tannine (Bitterstoffe) und leitet sie in seine Blätter, um diese ungenießbar zu machen.

Aber nicht nur das. Er sendet auch Botenstoffe mit dem Wind zu anderen Bäumen mit der Warnung: Achtung Giraffe und sofort bilden auch diese Bäume Bitterstoffe.

Um diese Übertragung von Baum zu Baum zu umgehen gehen die Giraffen deshalb immer gegen den Wind von Baum zu Baum.

Wir stoppen noch einmal kurz bei den Eulen, um dann nach Hause zu fahren, das wir um 18:50 Uhr auch erreichen.

Wir kochen Nudeln mit Hackfleisch. Es ist etwas bewölkt und die Hitze hat nachgelassen.

Direkt neben unserem unteren Balkon wächst ein Kameldorn mit vielen einzelnen kleinen Webervogelnestern.

In diesem Baum hat sich einmal eine Kobra auf der Jagd nach Jungtieren in den Nestern heruntergelassen.

Aufgrund dessen, dass Kobras dort immer auftauchen können ist es gefährlich Vogelnester in der Nähe zu haben, was man immer im Hinterkopf haben sollte.

Das Wasserloch ist durch die Regenfälle der letzten Zeit überschwemmt und bildet einen kleinen See.

Um 19:20 Uhr kommt Eric zum Sundowner.

Ich hatte ihn gebeten in Erfahrung zu bringen, wie mein Fußballverein im Europacup gespielt hat, und auf den Fußballfan Eric ist Verlass.

Das 2:2 von Frankfurt im Auswärtsspiel freut mich und wir unterhalten uns wieder lange über Fußball.

Dann erzählt er eine Geschichte, über die er schmunzeln muss, die ihn aber auch ärgert da sie sich in den letzten Wochen immer öfters wiederholt.

Ein Gast im Camp hatte ihn gefragt wo denn die ganzen Katzen wären. Als er darauf geantwortet hatte irgendwo in den Dünen zwischen den Tälern, sei der Fragesteller in die nördliche Dünenstraße gefahren.

Als er nach zwei Stunden zurückkam, beschwerte er sich bei Eric, dass er dort auch keine gesehen hätte, obwohl das alle Ranger so sagen würden.

Ist solch eine Ignoranz zum Lachen oder zum Weinen?

Leider werden solche Konsumenten (ich habe bezahlt also liefert Löwen) immer mehr im Park. Wobei ein bisschen Nachdenken darüber wo ich mich befinde helfen würde. Erdmännchen, Löwen und andere Tiere treffe ich ohne Risiko im Zoo meiner Wahl. In der Wildnis ist dies nicht so sicher.

Dazu passt das Erlebnis etwas später am Abend, als ein Gnu langsam und vorsichtig von Süden kommend Richtung Wasserloch läuft.

Ein Lichtstrahl aus der „Honeymoon Suite" bleibt die ganze Zeit auf das Tier gerichtet, bis es zu galoppieren beginnt und selbst dann hat man kein Einsehen mit dem durstigen Gnu.

Es verschwindet in den Dünen, anstatt zu trinken.

Ab heute soll es für die nächsten Tage nicht mehr regnen, sagt Eric beim Sundowner.

Es ist trotz mancher starken Regenschauer einfach zu wenig, was an Regen fällt. Viel zu wenig für die Regenzeit.

Am Wasserloch ist heute Nacht gar nichts los, nur die treue Eule findet sich ein und lässt ihr Rufen hören.

Tag 17 im Park
Übernachtung Urikaruus – 16.02.2019

Nach einem kurzen Regen am frühen Morgen lösen sich die Wolken auf.
Ich höre Eric über Funk sprechen und wir trinken Schwarztee mit Milch bevor wir 6:50 Uhr Richtung Norden aufbrechen.
Als wir nur zwei Kilometer hinter dem Camp den Auob überqueren, in dem jetzt etwas Wasser steht, entdecken wir im ersten Baum rechts mit großer Wahrscheinlichkeit die Eule, die nächstens das Wasserloch vor den Chalets besucht, zusammen mit ihrem Jungtier.
Die junge Eule verspeist gerade einen Singhabicht, wie man an den herunterhängenden Füßen der Beute erkennen kann.
Ich bin total begeistert von dieser Sichtung und fotografiere begeistert. Dann wandert mein Blick kurz zum nahen Urikaruus Wasserloch und ich sehe drei prächtige Geparde.
Wir fahren die paar Meter weiter und bleiben ihnen direkt gegenüberstehen.
Es ist eine Mutter mit zwei fast ausgewachsenen Söhnen, die hier am Wasserloch liegen (Mutter) und herumtoben (Söhne).
Wir haben das Glück mehr als eine Stunde bei diesen Tieren sein zu dürfen und nicht nur satt gefressene oder müde Tiere beim Ausruhen zuzusehen.
Nein, hier steppt der Bär (eigentlich der Gepard). Die beiden, fast ausgewachsenen, Kater jagen wild umher, kämpfen miteinander und spielen.
Es ist ein Traum diese Tiere in absoluter Freiheit so nahe bei uns zu haben.
Wir können immer wieder ihre Geschwindigkeit bewundern, mit der sie um das Wasserloch herum rasen.
Als die Mutter aufsteht und zum Trinken ans Wasser geht, erleben wir den Höhepunkt dieser Vorstellung.
Nach dem Trinken macht sie sich erst langsam dann immer schneller auf den Weg, um das Flussbett zu verlassen.
Dazu wählt sie einen Weg, der genau auf unser Auto zuführt.
Während die Mutter aber zügig vor unserer Kühlerhaube vorbei-rennt, rasen ihre beiden Söhne mit maximalem Tempo auf uns zu und legen erst wenige Zentimeter vor meiner Fahrertür eine Vollbremsung hin.

Man kann sich sicher vorstellen, dass uns bei dieser Aktion fast der Atem stehen bleibt, und Adrenalin ins Blut schießt. Nach dem ersten Schreck aber stellt sich dann ein absolutes Glücksgefühl ein. Ein Glücksgefühl das Stunden anhält.

Das Erlebnis ist so aufregend, begeisternd und eindrücklich zugleich, dass wir kurze Zeit später wieder anhalten, um es zu verarbeiten und tief durchzuatmen.

In diesem Moment kommen uns die beiden netten jungen Franzosen aus Grootkolk entgegen.

Wir erzählen ihnen nichts von den Geparden. Es würde nichts ändern da die Tiere weg sind und sie wären sicherlich nur enttäuscht.

Dabei hätte ich ihnen dieses Erlebnis doch so gegönnt.

Wir halten darauf noch unter einem großen Siedlerwebernest und schauen den Aktivitäten der Vögel lange zu, auch weil wir hier im Schatten des Baumes und des Nests stehen.

In Mata Mata kaufen wir noch Bücher, die wir bisher noch nicht zu Hause hatten und erledigen die Bestellung von Eric (eine große 2 Liter Flasche mit schwarzem „Coldtrink" sowie eine Tüte Chips).

Dann führt unser Weg wie gewohnt zum Pool.

Über dem hinteren Eingang zum Waschhaus hat ein Schwalbenpaar sein Nest gebaut, was uns ein Dejavu Erlebnis beschert.

Bei unserem ersten Besuch in Mata Mata, als die Grenze wieder geöffnet war, fanden wir an gleicher Stelle ein gleiches Nest.

Da werden Erinnerungen wach und wir laufen in sentimentaler Stimmung auf dem Campingplatz bis zu dem Stellplatz von damals, wo ich den Reportern der südafrikanischen Zeitschrift „Go" ein Interview gegeben hatte.

Im Shop sagte man, dass wir Briefmarken für unsere Postkarten in Twee Rivieren, wo wir morgen sein werden, bekommen können.

Ich mag immer noch diese altmodische Art der Kommunikation und freue mich auch immer über, inzwischen leider fast ausbleibende, bunte Postkartengrüße.

Erfrischt treten wir den Heimweg an.

Beim Wasserloch Craig Lockhart fährt ein Auto quer durch das Revier und rast davon.

Sie hatten eine Giraffe aus der Nähe fotografieren müssen und sich über jegliches Verbot hinweggesetzt und querfeldein gefahren.

Es ist traurig solche Missachtungen immer wieder und immer häufiger zu sehen.

Was denken sich solche Leute?

Etliche Stopps und Bilder weiter sind wir zurück am Urikaruus Wasserloch (nicht zu verwechseln mit dem Wasserloch vor dem Urikaruus Camp).

Ein Kampfadler (Martial Eagle) steht im Wasser, wo heute morgen die Geparde spielten.

Nach einem kurzen Stopp bei den Eulen und einem Schlangenadler wenige Meter weiter, sind wir wieder zuhause.

Nudeln mit Hackfleisch sind noch reichlich vorhanden und auch Eric freut sich über einen vollen Teller.

Es ist strahlend blauer Himmel, trocken und heiß und ein leichter Wind weht den Auob herab.

Ein perfekter Tag bisher.

Von 14:00 Uhr bis 15:30 Uhr lese und schreibe ich auf dem unteren Balkon mit etlichen eisgekühlten „Colddrinks".

Um 16:00 Uhr machen wir uns zum Game Drive bereit.

Wir fahren nach Süden und begleiten einen Trupp Springböcke beim gemächlichen Äsen entlang der Pad.

Dazwischen stolziert im schönsten Abendlicht eine balzende Riesentrappe einher, die zu den heutigen friedlichen wunderschönen Bildern und Stimmungen zum Ausklang des Nachmittags passend dazu gehört.

Wir sind kurz nach 19:00 Uhr zurück.

Das Feuer für die heutige Lammlende brennt schon, als Eric eine halbe Stunde später zum letzten Sundowner für lange Zeit vorbei schaut.

Es ist immer wieder schön sich mit Eric zu unterhalten und wir stehen lange zusammen.

Am Wasserloch passiert auch heute nichts, nur ein Steinböckchen schaut vorbei. Für uns ein sicheres Zeichen, dass heute Abend nichts mehr passieren wird.

Tag 18 im Park
Übernachtung KilieKrankie – 17.02.2019

Exakt 6:00 Uhr zeigt die Uhr in der Küche. Eine Löwin erscheint zum Trinken am Wasser und verschwindet danach wieder in den gegenüberliegenden Dünen.

Das Paar aus Schwaben, wie wir aufgrund des Dialekts vermuten, hat beim Packen und Auto einräumen die Katze komplett übersehen.

Sie hatten es aber auch extrem eilig die ersten auf Pad zu sein.

Wir verabschieden uns danach ganz herzlich von Eric und hoffen uns bald, spätestens im nächsten Jahr, wieder zu sehen.

Nach nicht einmal sechs gefahrenen Kilometern sehen wir die schwäbischen Nachbarn bei drei Geparden im Flussbett stehen.

Wir bleiben nur einen Moment und lassen sie dann mit den Geparden allein.

Lange Zeit sehen wir keine Bewegung um uns herum, später ab und an ein paar kleinere Springbocktrupps, die äsend nach Süden ziehen.

Die Sonne ist gerade über dem Dünenkamm geklettert und taucht das Flussbett in ein warmes goldenes Morgenlicht als wir direkt an der Pad, nicht einmal einen Meter entfernt, eine Gruppe Erdmännchen entdecken.

Sie sind alle mit graben und buddeln beschäftigt. Wir können zusehen wie eines der Tiere einen Skorpion, die Lieblingsspeise der Erdmännchen, findet und verspeist.

An dieser Stelle ähnelt das Auob Tal einer wunderschönen Parklandschaft mit Alleebäumen, die die Pad begrenzen und beschatten.

Im schönsten Morgenlicht fahren wir weiter und entdecken einen Gepard, der von der frühen Sonne beleuchtet sich langsam und gemütlich rechts neben uns die Düne hinauf entfernt.

Es folgen Sichtungen eines Falken, einer schnellen (sie war wirklich zügig unterwegs) Schildkröte sowie Springböcken, fotogen in den Felslandschaften am Ufer dahin äsend.

Welch ein Bild muss es sein den Auob einmal zwischen seinen felsigen Ufern hier fließen zu sehen. Das letzte Mal konnte man dies 1973/74 bestaunen, zehn Jahre nachdem der Nossob ein letztes Mal abging.

Um 9:00 Uhr erreichen wir Twee Rivieren, wo ein Einkauf im Winkelshop ansteht und wir Geld an dem Geldautomaten des Parks ziehen.

Die in Mata Mata versprochenen Briefmarken gibt es leider nicht und so werden wir uns später in Namibia welche kaufen müssen.

Es folgt der letzte obligatorische Poolbesuch für diese Reise in Twee Rivieren und eine letzte Einkehr im Take Away.

Es ist 10:30 Uhr und ganz nebenbei gelingen mir noch schöne Fotos von einem Rotbauchwürger in der Nähe des Pools.

Gut gestärkt und erfrischt fahren wir zunächst den Nossob entlang.

Schon bald zieht eine große Herde Springböcke mit über zweihundert Tieren uns entgegen und wir stehen bei ihrem Wechsel zur anderen Straßenseite inmitten der Herde.

Um uns herum kann man sie laut äsen und knarzen hören, diese typischen Geräusche der Springböcke.

Ein wunderschönes, friedliches Bild breitet sich um uns aus mit roten Dünen, grünen Flecken aus Akazienbäumen, ein paar Straußen, einem einzigen Gnu und der langsam dahinziehenden Herde.

Nachdem wir in die südliche Dünenstraße einbiegen sehen wir viele Steinböckchen, einige Oryx Antilopen und einige Strauße. Sie alle inmitten der roten Dünen ergeben immer wieder wunderbare Bilder, an denen wir uns nicht satt sehen können.

Es ist keine Wolke am Himmel und die Sonne brennt extrem heiß auf uns herab.

Gegen 13:00 Uhr erreichen wir KilieKrankie (KK), wo uns Wilhelm erwartet.

Er hat uns Chalet 4 zugeteilt, das am höchsten gelegene, aber auch am weitesten vom Parkplatz entfernte Chalet.

Es ist wieder extrem schweißtreibend und anstrengend bei dieser Hitze auszupacken und alles Notwendige die Düne hinauf zu schleppen.

Als wir zum ersten Mal hinauf laufen springt neben uns eine der halbzahmen African Wildcats aus dem Abstellraum neben der Eingangstür.

Welch ein Empfang!

Nach dem Einzug bin ich fix und fertig und dusche kurz bevor ich es mir mit einem Liter Stoneys auf der Terrasse gemütlich mache.

Chalet 4 beziehen wir heute das allererste Mal. Bisher waren wir immer in einem der anderen Chalets weiter unten gewesen.

Hier hat man den besten Blick auf den Sonnenuntergang und falls auch nur ein kleiner Windhauch über das Land streift, spürt man ihn hier.

Nach der Arbeit des Einräumens darf ich wieder den unbezahlbaren Blick hinaus auf die Dünen, die wie Wellen zu uns heran zu rollen scheinen, genießen.

KK gehört zu den Camps im Park, in denen man diese Weite sehen spüren und fühlen kann, wenn man von der Terrasse auf die roten Dünen schaut. Sie reichen soweit wie das Auge schauen kann und über sie wölbt sich ein blauer Himmel mit einigen wenigen dahinziehenden weißen Tupfen.

Hier ist man der Legende von der verlorenen Stadt der Kalahari ganz nahe, und kann sich vorstellen, dass es möglich wäre, dass unter all-dem Sand irgendetwas geheimnisvolles, verlorengegangenes verborgen liegen kann.

Schon mehr als 130 Jahre lang existiert diese Legende von der verlorenen Stadt, die irgendwo unter dem Sand der Kalahari versteckt liegen soll und die seit damals manch einem Forscher, Abenteurer oder Träumer im Kopf herum spukte und spukt.

Die Geschichte der verlorenen Stadt der Kalahari beginnt im Jahre 1885 als Wiliam Leonard Hunt von Januar bis August als erster weißer Mann die Kalahari zu Fuß durchquerte und überlebte.

Im Jahre 1886 veröffentlichte er, besser auch bekannt unter seinem Künstlernamen „der große Farini" seinen Reisebericht unter dem Namen Guillermo Antonio Farini in dem er auch die Entdeckung von Steinmauern einer verfallenen Stadt, nördlich des Nossob am Wendekreis des Steinbocks im Sand der Kalahari beschreibt.

Die Reisebeschreibung erregte zunächst ein kurzes Aufsehen, geriet dann aber in Vergessenheit.

Erst 1923, als Professor Schwarz aus Südafrika, ein populärer Fantast, der schon manch andere These über unerforschte Gegenden Afrikas veröffentlicht hatte, das Thema wieder aufgriff, löste der Bericht Hunts plötzlich eine Welle von Phantasien und unzählige Entdeckungsreisen aus.

Mehr als dreißig Expeditionen machten sich inzwischen auf den Weg die verlorene Stadt zu finden.

Unter ihnen war zum Beispiel der französische Entdecker Francois Balsan, der 1949 von Lokgwabe aus mit Eseln durch die Gegend des heutigen KTP streifte, begleitet vom berühmten in Durban geborenen Paläontologe Philip Tobias oder 1956 der bekannte südafrikanische Buchautor Alan Paton, der darüber das Buch „Lost City" schrieb.

Auch eine Dakota der südafrikanischen Airforce wurde 1949 zur Suche eingesetzt.

Inzwischen suchten auch schon Leichtflugzeuge begleitet von 4x4 Fahrzeugen am Boden nach der Stadt.

Gefunden hat man bisher nichts.

Ist es also eine Legende oder ist doch etwas dran an der Geschichte der verlorenen Stadt?

Wenn man überlegt was auch heute noch an menschlichen Bauten im Dschungel oder in der Wüste gefunden wird bleiben immer noch letzte Zweifel ob da nicht doch etwas unter Sand begraben zu finden ist.

Und das finde ich gut so, während meine Augen und Gedanken hier über die Dünen streifen.

Wer war eigentlich dieser Wiliam Leonard Hunt, der sich „The great Farini" nannte?

Auf alle Fälle ein interessanter und außergewöhnlicher Mann, wie so einige andere, die damals in Afrika unterwegs waren!

Hunt wurde 1838 in Lockport, New York geboren und zog 1843 mit seiner Familie nach Bowmanville Ontario in Kanada.

Dort schlich er sich verbotenerweise als kleiner Junge in einen Zirkus und kam somit erstmals mit dem Showbusiness in Kontakt.

Er begann sofort heimlich sein akrobatisches Talent zu trainieren und beschloss kurz darauf, seinen eigenen Zirkus in der Stadt zu eröffnen mit dem Erfolg, dass sich schon bald 6 $ in seinem aufgestellten Hut befanden.

Dann allerdings, fast am Ende der Vorstellung, stürmten eine Schar Eltern, seines Vaters eingeschlossen, herein.

Sein Vater hielt ihm vor die Ehre der Familie in den Dreck gezogen zu haben und gab ihm eine Tracht Prügel, was seinen weiteren Werdegang aber nicht beeinträchtigte.

Am 1. Oktober 1859 gab er seine erste professionelle Vorstellung als Seiltänzer als er auf einem Seil den Ganaraska Fluss überquerte.

1860 zeigte er seine Show an den Niagara Falls, bis der amerikanische Bürgerkrieg, in dem er auf Seiten der Union kämpfte, dem ein Ende setzte.

1869 beendete er seine Karriere aus Furcht vor schweren Verletzungen und begann als Trainer und Investor für Akrobaten zu arbeiten.

Hunt alias Farini gilt auch als der Erfinder der ersten „menschlichen Kanonenkugel".

Seine weiteren Unternehmungen auf diesem Gebiet sind bunt und schillernd.

Unter anderem adoptierte er das laotische Mädchen Krao, das der norwegische Entdecker Carl Bock auf einer von Farini finanzierten Expedition gefunden hatte um sie als „Missing Link" in diversen Ausstellungen zu zeigen, da sie sehr stark am ganzen Körper behaart war.

Nach seiner Afrika Expedition, die er mit seinem Adoptivsohn Lulu Farini unternommen hatte, heiratete er seine dritte Frau Anna Müller, eine deutsche Konzertpianistin und Cousine von Richard Wagner.

1909 übersiedelten die Farinis nach Deutschland, wo Wiliam als Übersetzer und Kolumnist bis zu seiner Rückkehr nach Nordamerika im Jahre 1920 arbeitete.

„The great Farini" starb 1929 in Port Hope, Ontario an einer Grippe. Die Legende über die verlorene Stadt der Kalahari aber lebt weiter.

Um 17:00 Uhr starten wir zum nachmittäglichen Game Drive.

Wir fahren zügig ins Auob Tal hinab und weiter Richtung Norden bis zur *Kamaqua Picnic Site* mit ihren abgestorbenen Kameldornbäumen.

Zurück tuckern wir gemütlich, bei uns Schleichfahrt genannt, während dessen uns jeder Fußgänger überholen könnte.

Wir sehen drei kleinere Herden Springböcke, die Erdmännchen vom Morgen, sowie ein Trupp Giraffen. All diese Tiere sehen wir wieder einmal direkt neben der Pad, ohne regelwidrig querfeldein fahren zu müssen. Dazu, kurz bevor wir wieder in die Dünenstraße einbiegen entdecken wir noch einen wunderschönen Fleckenuhu auf dem Boden an einem Baum direkt neben uns. Dem Tier werden wir nach einer Weile des gegenseitigen Betrachtens suspekt und der Uhu verzieht sich hinter den Baum, wo wir ihn nicht mehr sehen können.

Um 19:10 Uhr sind wir wieder zuhause und bereiten den Sundowner vor.

Wilhelm scheint keine Lust auf einen Besuch zu haben und wird nicht gesehen, während wir einen phantastischen Sonnenuntergang genießen.

Ein leichter Wind bringt angenehmere Temperaturen im schönsten Camp des Parks.

Eulen fliegen immer wieder dicht an uns vorbei, die Wildkatzen lassen sich dagegen nicht sehen, anders als die Braune Hyäne, die zum Trinken kommt.

Tag 19 im Park
Übernachtung Kalahari Tented Camp – 18.02.2019

6:20 Uhr in der Frühe brechen wir heute auf.

Es ist nie gut nur eine Nacht in einem Camp zu haben, aber die inzwischen extrem schwierige Buchungssituation lässt oftmals keine andere Möglichkeit zu.

An der Zufahrt zum Camp, kurz hinter der Eisenkette, mit der man die Zufahrt nach dem Ein und Ausfahren im Camp sperren soll, entdecke ich erst eine und dann noch eine zweite Wildkatze. Da also sind die Katzen, die wir am Abend so sehnlichst erwartet hatten.

Im Auob Tal bleiben wir ein letztes Mal bei den Erdmännchen stehen, die durch das weiche Morgenlicht wuseln.

Vorbei an Giraffen und Springböcken geht es dann Richtung Norden. Ab und an hüpft ein Rotbauchwürger durch das Geäst und auch Wiedehopfe lassen sich am heutigen Morgen sehen.

Wir treffen noch einmal das nette französische Paar, das auf dem Weg ist, den Park via Twee Rivieren zu verlassen und wünschen ihnen alles Gute.

In Mata Mata tanken wir voll und erhöhen den Reifendruck auf die von Hubert Hester gewünschten 2.0 bar.

Dann fällt mir wieder der Autoschlüssel beim Anlassen auseinander und ich weiß jetzt schon, dass mir das so nicht geglaubt wird. Ist es doch nun schon das dritte Mal in 15 Jahren.

Wir gehen mehr als eine Stunde im Pool baden, nachdem wir zuvor noch einmal, ohne Erfolg, den großen Baum vor dem Shop gründlich nach der Südbüscheleule abgesucht haben.

Anschließend ist es Zeit zum Einchecken im Kalahari Tented Camp.

Wir erhalten Chalet 6 wie ich aus der Liste in der Rezeption ersehen kann in das wir auch sofort einziehen können.

Am Nachbarchalet grüßen wir den älteren Mann, den wir im November wegen des Kühlschranks gerufen hatten. Er hat uns auch gleich wiedererkannt und fragt, wie es geht.

Leider wurden die alten, bei dieser Hitze fast unbrauchbaren Gaskühlschränke noch immer nicht ersetzt, obwohl uns das im November bereits angekündigt wurde.

TIA (This Is Africa). Die Mühlen in Afrika mahlen nun mal nach afrikanischer Zeitrechnung.

Gegen 14:00 Uhr lege ich mich hin und schlafe eine halbe Stunde.

Als ich mich danach draußen in den Schatten setze steht gerade ein Sekretär am Wasserloch

Auf einem großen Baum in der Nähe sitzt ein Geier im Nest und ein Springbock sucht erst im Schatten, dann in der prallen Sonne nach Futter.

Glanzstare laufen auf der Terrasse herum, zu denen sich auch noch eine Taube gesellt.

Ich bereite das Holz für den Braai vor und maile etwas mit Freunden aus Deutschland.

Morgen werden wir den Park verlassen und langsam durch die namibische Kalahari mit weiteren Übernachtungen nach Windhoek zurückfahren.

Der Himmel ist wieder strahlend blau und ab und zu weht eine heiße Brise.

Ich bin traurig da unsere Zeit im Park schon wieder zu Ende ist und wir diesmal nicht nach wenigen Monaten zurückkehren dürfen.

Gut, dass wir nicht wussten was dann im Jahr 2020 passierte und das sich der nächste Besuch in noch weitere Ferne verschieben würde.

Der Park ist und bleibt einmalig und alle Camps auf ihre Weise wunderschön.

Die Stimmungen hier am kühleren Morgen, in der schatten- und konturlosen Mittagshitze, am Abend, wenn die Sonne untergeht und die Hitze des Tages erträglicher wird und natürlich in der spannungsreichen Dunkelheit mit ihren Stimmen von nächtlichen Jägern ist mehr als eindrucksvoll.

Ich weiß jetzt schon, wie bald ich das alles hier vermissen werde, und wie bald, die Träume von der Kalahari intensiver werden. Den ganzen Tag schon wieder geht mir, wie bei jedem nahen Abschied von Afrika, Hemmingways bekannter Satz nicht aus dem Kopf:

„All I wanted to do was get back to Africa. We had not left it, yet, but when I would wake in the night I would lie, listening, homesick for it already."
Auf Deutsch: „Alles was ich wollte war nach Afrika zurück zu kommen.
Wir hatten Afrika noch nicht verlassen, aber wenn ich nachts aufwachte, lag ich lauschend da, bereits voller Heimweh danach".

Schöner kann man meinen Gemütszustand nicht beschreiben und dem habe ich auch nichts mehr hinzu zu fügen.

Quellenangabe

1) Nuhn, Walter. Feind Überall. Bonn 2000.
2) Grimm, Hans Der Zug des Hauptmann von Erckert. 1932.
3) Wülfing, Walther. Im Morgengrauen gegen Kopper - Die Kalahari-Expedition gegen Simon Kopper.
   Glanz & Gloria Verlag Windhoek, 2010.
4) Simon Kopper and the Kalahari expedition 1908: the forgotten story of the final battle of the Nama wars and its results Haacke, Wulf D. 1993   Journal -Namibia Scientific Sosiety (ISSN 1018-7677)
5) Hupe, Ilona; Vachal, Manfred Botswana,Verlag Ilona Hupe München 2005 ISBN 3-932084-28-4
6) Derichs, Peter. Kgalagadi Transfrontier Park. 2001, ISBN 0620271698
7) Powell, van den Berg. Kgalagadi Self Drive. HPH Publishing 2017, Johannisburg ISBN 978-0-9946924-5-0
8) Knight, Michael, Joyce, Peter, Dennis, Nigel. The Kalahari survival in a Thirstland Wilderness. 1997. ISBN 978- 1-86872-019-4 Struik Publishers
9) Oberprieler, Ulrich, Cillie, Burger. The Bird Guide of Southern Africa.
10) Newmann, Kenneth. Birds of Southern Africa. Struik Publishers 2000.
11) Visitors Map Kgalagadi Transfrontier Nationalpark A sustainable National Park System Connecting Sosiety.
12) P. van Wyk, E.A.N. Le Riche. The Kalahari Gemsbok Nationalpark 1931 – 1981.
13) Losskarn, Dieter. Botswana Dumont Reisehandbuch. 2019.
14) Peacock. The great Farini - The High-Wire Life of William Hunt. Penguin Books Canada Ltd. 1995.
15) G.R. Von Wielligh. Die Sterne sind glühende Kohlen und Asche. Namibia, Wissenschaftliche Gesellschaft.

Internetrecherche

Eckert Expedition
https://www.bwana.de/spezialreisen/expeditionen/erckert-expedition.html
https://de.wikipedia.org/wiki/Friedrich_von_Erckert
https://de.wikipedia.org/wiki/Simon_Kooper
https://kaiserbird.com/2019/09/20/day-27-the-scourge-of-the-kaiserbird/
https://kaiserbird.com/2019/09/19/day-26-the-scourge-of-the-kaiserbird/

Heliografen
https://www.deutschlandfunkkultur.de/heliografie-historische-kommunikation-mit-spiegel-und-sonne.2147.de.html?dram:article_id=409385
https://de.wikipedia.org/wiki/Heliograph_(Nachrichtenübertragung)

https://sundoc.bibliothek.uni-halle.de/diss-online/04/05H118/prom.pdf

Killerbienen
http://www.bee-careful.com/de/initiative/die-killerbiene/
http://www.bee-careful.com/de/initiative/unterschied-zwischen-honigbienen-und-wildbienen/
https://de.wikipedia.org/wiki/Afrikanisierte_Honigbiene
https://de.wikipedia.org/wiki/Ostafrikanische_Hochlandbiene
https://de.wikipedia.org/wiki/Warwick_Kerr

Shepherd tree
http://www.travelnewsnamibia.com/news/5-reasons-why-the-shepherds-tree-is-one-of-the-coolest-trees-in-africa/
https://www.marataba.co.za/2018/08/tree-life-shepherds-tree/
http://www.gateway-africa.com/fuanaflora/Plants/boscia-albitrunca.html
https://en.wikipedia.org/wiki/Boscia_albitrunca

Hans Schwabe
https://murderiseverywhere.blogspot.com/2011/03/last-days-of-hans-schwabe.html

Lost city
https://alchetron.com/Lost-City-of-the-Kalahari
https://de.qwe.wiki/wiki/Lost_City_of_the_Kalahari?ddexp4attempt=2
https://en.wikipedia.org/wiki/William_Leonard_Hunt
https://archive.org/stream/cihm_36715#page/n427/mode/2up
https://de.wikipedia.org/wiki/Phillip_Tobias
https://en.wikipedia.org/wiki/Krao_Farini

Le Riche
https://legendsandlegaciesofafrica.org/lerichefamily.php

Tiere
Wikipedia, Stichwörter: Rotbauchwürger, Königswitwe, Trauerdrongo, Granatastrild, Kapturteltaube, Südafrikanische_Kuhantilope, Riesentrappe, Schwarzfußkatze, Kapfuchs, Pygmy_falcon, Ginsterkatzen, Fuchsmanguste, Löffelhund, Bienenfresser_(Art), Schlankmanguste, Blutschnabelweber, Kapkobra, Afrikanische_Borstenhörnchen, Gaukler_(Vogel), Springböcke, Trockenland-Elefantenspitzmaus, Elefantenspitzmäuse, Southern_African_wildcat, Ptenopus, Doppelfüßer

https://www.zootier-lexikon.org/index.php?option=com_k2&view=item&id=2678:koritrappe-ardeotis-kori
https://www.deutschlandfunk.de/schwarzfusskatzen-wenig-erforscht-und-vom-aussterben-bedroht.676.de.html?dram:article_id=334072
https://www.markuskappeler.ch/tex/texs2/schwarzfusskatze.html

http://southafrica.co.za/pygmy-falcon.html
http://www.transafrika.org/pages/tiere-in-afrika/raubtiere/ginsterkatze.php
https://www.biologie-seite.de/Biologie/Fuchsmanguste
https://www.wissenschaft.de/umwelt-natur/sonne-als-versteck-helfer/
https://www.geo.de/geolino/tierlexikon/15257-rtkl-tiere-kap-borstenhoernchen
https://www.biologie-seite.de/Biologie/Afrikanische_Borstenhörnchen
https://www.goruma.de/tiere/reptilien/giftschlangen/kapkobra-naja-nivea
https://www.aegypten-geschichte-kultur.de/katze

Sonstiges
https://de.wikipedia.org/wiki/Grader
https://de.wikipedia.org/wiki/Chakalaka
https://de.wikipedia.org/wiki/Bastet
https://en.wikipedia.org/wiki/Stoney_(drink)

Zugriffe geprüft am 1.1.2021